FERTILITÀ E SISTEMI PENSIONISTICI: PREFERENZE INDIVIDUALI E INTERAZIONI SOCIALI

Giuseppe Rizzo

© 2012 Giuseppe Rizzo

Tutti i diritti sono riservati. È vietata la riproduzione, anche parziale o ad uso interno o didattico, con qualsiasi mezzo effettuata, non autorizzata.

ISBN 978-1-4716-2992-1

Indice

Indice 3
Premessa 5
Parte prima: La transizione economica, la transizione demografica e l'introduzione dei sistemi pensionistici 7
   Introduzione 9
   1. Transizione economica e transizione demografica 11
      1.1 Il trade-off fra qualità e quantità e la domanda di capitale umano 13
      1.2 La riduzione del tasso di mortalità 14
      1.3 L'ipotesi di Caldwell 15
      1.4 Le politiche sociali 16
   2. Transizione economica e istituzione dei sistemi pensionistici 19
      2.1 Inefficienza dinamica 20
      2.2 Orizzonte temporale limitato 21
      2.3 Effetto spiazzamento degli investimenti 21
      2.4 Redistribuzione intragenerazionale 22
      2.5 Contratto sociale ottimale 23
      2.6 L'origine storica dei sistemi pensionistici 23
   Conclusione 27
Parte seconda: Un modello politico per il declino dei sistemi pensionistici 29
   Introduzione 31
   1. L'ambiente economico 33
   2. Il comportamento degli elettori 35
      2.1 Statica comparata 36
   3. L'equilibrio politico 39
      3.1 L'equilibrio con fertilità esogena 39
      3.2 L'equilibrio con fertilità endogena 41
   4. Omogeneità dei redditi 45
   5. Simulazione numerica 49
   Conclusione 55
Parte terza: Verifiche empiriche 57
   Introduzione 59
   1. Metodologia 61
      1.1 Il modello econometrico 61
      1.2 La banca dati 62
   2. Risultati 65
      2.1 Analisi cross-section 65
      2.2 Analisi panel 68
   Conclusione 71
Conclusioni 73
Bibliografia 75

Premessa

Nell'ultimo secolo, l'introduzione e lo sviluppo delle politiche sociali nella maggior parte dei paesi sviluppati e la simultanea transizione demografica hanno attirato grande attenzione da parte degli studiosi delle discipline economiche.

Una parte della ricerca economica si è indirizzata verso lo studio delle caratteristiche fondamentali dei due fenomeni, sui loro collegamenti e sull'esistenza di eventuali concause. In particolare, la relazione tra la transizione demografica e i sistemi pensionistici ha sollevato alcune questioni riguardo la sostenibilità economica di tali sistemi; inoltre nell'ambito della *Political Economics* ci si è concentrati sul futuro politico dei sistemi pensionistici, in particolare in relazione all'aumento del numero di elettori in età avanzata.

La letteratura sulla transizione demografica e sui sistemi pensionistici indica l'indebolimento dei legami familiari (determinato dall'evoluzione dei sistemi di produzione e degli stili di vita) come una delle cause sia della riduzione della fertilità, sia dell'introduzione e successivo rafforzamento dei sistemi pensionistici. A questo si aggiunge che la letteratura sull'economia demografica mostra che i sistemi pensionistici hanno, a loro volta, un effetto negativo sulla fertilità.

Il presente volume si riallaccia al filone dei modelli di voto sui sistemi pensionistici, proponendo un modello in grado di studiare l'effetto della riduzione della fertilità sul futuro politico dei sistemi pensionistici. L'indebolimento dei legami familiari, infatti, se da un lato spinge verso l'accrescimento della spesa pensionistica, dall'altro (attraverso la riduzione della fertilità causata anche dall'incremento della spesa pensionistica stessa) ha l'effetto opposto di ridurre la convenienza dei sistemi a ripartizione, spingendo politicamente verso una riduzione della spesa. L'effetto finale sul sostegno politico verso i sistemi pensionistici è ambiguo, e si rende dunque necessaria una valutazione empirica che permetta di individuare il pattern prevalente.

Nella prima parte verrà presentata una breve rassegna della letteratura sul tema della transizione demografica e dell'introduzione dei sistemi pensionistici, evidenziando lo sviluppo economico e sociale come causa di entrambi i fenomeni.

La seconda parte proporrà il modello teorico in grado di incrociare i due fenomeni e di studiare l'effetto finale sulla sostenibilità politica dei sistemi pensionistici.

Infine, la terza parte presenterà alcune verifiche empiriche su un ampio campione di paesi (che include sia paesi sviluppati che paesi in via di sviluppo), utilizzando dei dataset sia cross-section che panel, al fine di valutare quale sia lo schema prevalente di evoluzione dei sistemi pensionistici.

Parte prima: La transizione economica, la transizione demografica e l'introduzione dei sistemi pensionistici

Introduzione

Nel corso dell'ultimo secolo, in quasi tutti i paesi sviluppati, la transizione da un sistema con bassa crescita economica ed economia prettamente rurale ad un sistema con forte crescita ed economia industrializzata ha avuto forti riflessi sull'economia familiare, determinando da un lato una forte riduzione del tasso di fertilità e dall'altro l'introduzione e la crescita della spesa pensionistica.

Parte della letteratura ha spiegato la riduzione della fertilità con l'aumento del rendimento del capitale umano, che causa la sostituzione dell'investimento nella quantità di figli con l'investimento nella loro qualità. Un'altra parte spiega tale riduzione con il cambiamento degli effetti che la fertilità ha sulle risorse familiari: si passa da un sistema basato sulla famiglia estesa, in cui i figli sono una fonte di ricchezza per la famiglia, ad un sistema in cui i figli sono un consumo di risorse. Questo passaggio non è necessariamente legato al cambiamento del sistema di produzione, quanto piuttosto al cambiamento delle convenzioni sociali: la società occidentalizzata non presuppone più che i figli lavorino per fornire risorse alla famiglia estesa.

Riguardo all'introduzione e crescita dei sistemi pensionistici, questa viene spiegata da una parte della letteratura come il risultato della transizione economica: l'economia rurale garantiva la sicurezza economica degli anziani con il rendimento del fattore terra, che continuava ad essere produttiva grazie ai membri giovani della famiglia, ed i trasferimenti dai figli; l'economia urbana non fornisce più questa garanzia, e per gli individui meno produttivi a causa della loro età sorge la necessità di ottenere una qualche forma di sostentamento.

Lo scopo di questa prima parte è di proporre una breve rassegna dell'ampissima letteratura riguardante questi due temi, con particolare riguardo al parallelismo tra la transizione demografica e l'introduzione dei sistemi pensionistici. Verrà dapprima presentata la letteratura riguardante la relazione tra transizione economica e transizione demografica e successivamente la letteratura sulla relazione tra transizione economica ed introduzione dei sistemi pensionistici, con particolare riferimento ai modelli di voto.

1. Transizione economica e transizione demografica

Nel periodo successivo alla rivoluzione industriale, con l'avvio di un forte sviluppo economico, si è avuta una forte variazione delle principali variabili demografiche, in particolare la riduzione del tasso di mortalità, con conseguente aumento della popolazione, seguito dalla riduzione del tasso di fertilità. Questo processo ha preso il nome di transizione demografica[1].

Prima dell'inizio del processo di transizione, i tassi di mortalità e fertilità sono elevati e molto volatili, a causa dei frequenti periodi di carestia. Inoltre i tassi di fertilità e mortalità sono controciclici: la fertilità aumenta in risposta all'aumento della mortalità, e viceversa. I frequenti periodi di carestia e le guerre, infatti, sono seguiti quasi immediatamente da un aumento della fertilità. In questa fase, la popolazione è piuttosto stabile o in lieve crescita, mentre il reddito pro-capite e le condizioni di vita sono stabili al livello di sussistenza.

Questa fase viene spesso denominata Maltusiana, in quanto ben spiegata dal modello di Malthus (1798), basato sull'esistenza del fattore terra, che determina rendimenti di scala decrescenti per il fattore lavoro, e sull'effetto positivo delle migliori condizioni di vita sulla crescita della popolazione: le fasi di sovrappopolazione, sono accompagnate dalla discesa dei salari sotto il livello di sussistenza, causando l'incremento della mortalità. Viceversa le fasi con mortalità elevata (epidemie, carestie, guerre...) causano un incremento dei salari che, a sua volta, determina un incremento della popolazione. In questo sistema, solo il progresso tecnologico può causare un aumento della popolazione, mentre il reddito pro-capite si mantiene in equilibrio al livello di sussistenza.

Successivamente, grazie ai miglioramenti delle conoscenze mediche e all'incremento di produttività nel settore agricolo (e quindi alla maggiore disponibilità alimentare), la mortalità si riduce in maniera significativa, ma la fertilità rimane agli stessi livelli (o, in alcuni casi, aumenta): questo causa un periodo di rapido aumento della popolazione. Questa fase viene tipicamente denominata Post-Maltusiana: i progressi tecnologici diventano più sostenuti e determinano un incremento del prodotto totale superiore all'incremento della popolazione, causando l'aumento del reddito pro-capite. L'incremento di reddito pro-capite, però, continua ad avere effetti

---

[1] Il concetto di transizione demografica, come qui presentato, fu inizialmente introdotto da Thompson (1929). Naturalmente alcuni aspetti di tale processo erano già stati individuati da autori precedenti.

positivi sulla crescita della popolazione, senza tuttavia assorbire interamente l'effetto del progresso.

Nella fase successiva la natalità si riduce velocemente, portandosi allo stesso livello della mortalità, di conseguenza frenando la crescita della popolazione. Il progresso tecnologico accelera sempre di più, richiedendo sempre maggiori investimenti in capitale umano (quindi aumentando il costo di ciascun figlio).

La causa scatenante l'avvio della transizione demografica viene solitamente identificata dagli economisti con l'incremento di reddito generato dalla rivoluzione industriale e dal successivo progresso tecnologico. Alcuni autori (ad es. Boldrin e Jones 2002) fanno notare, tuttavia, che in diversi paesi la transizione si è avviata indipendentemente dall'introduzione di metodi di produzione industriale e dall'incremento del reddito pro-capite. Ad esempio nella Cina del diciottesimo secolo e nei paesi dell'Africa sub-sahariana la transizione demografica si è avviata prima dello sviluppo economico; inoltre in diversi paesi europei (Inghilterra, Danimarca, Svezia, Paesi Bassi) la transizione demografica si è avviata molto tempo (anche un secolo) dopo l'inizio della rivoluzione industriale.

In generale è comunque possibile dire che la transizione demografica è conseguenza dello sviluppo economico in senso lato: la rivoluzione industriale, e lo sviluppo economico in generale, sono causa, diretta ed indiretta, della transizione demografica. Nei paesi in cui la transizione è avvenuta indipendentemente dallo sviluppo economico, alcuni effetti di quest'ultimo si sono manifestati precocemente (o tardivamente).

In particolare, gli effetti che sono stati identificati come possibili cause (o concause) della transizione sono i seguenti:

1. L'incremento di reddito individuale fa aumentare endogenamente il costo di ciascun figlio a causa del trade-off qualità/quantità (Becker 1960) e dell'incremento del costo opportunità (Becker 1981).
2. I progressi tecnici nel settore agricolo e nel campo della medicina riducono il tasso di mortalità e la sua volatilità, e quindi riduce la necessità di un numero elevato di figli al fine di garantirsi un adeguato sostegno in età avanzata e gli altri servizi familiari da essi prodotti (Notestein 1945).

3. Il processo di cambiamento delle relazioni familiari (indebolimento dei legami familiari, riduzione delle differenze sociali tra uomini e donne) fa sì che i flussi netti di ricchezza invertono la loro direzione. Nelle economia non occidentalizzate fare molti figli è conveniente, in quanto il flusso di ricchezza è in direzione dei genitori, mentre in quelle occidentali è conveniente ridurre la fertilità, in quanto fare figli comporta un costo netto (Caldwell 1976 e 1978)
4. Alcune politiche sociali (pensioni, istruzione obbligatoria, limiti al lavoro minorile) che solitamente accompagnano lo sviluppo economico (ma che a volte lo anticipano, in quanto prodotte dall'effetto dimostrazione) producono una serie di effetti che nel loro complesso disincentivano la fertilità (Caldwell 1976 e 1978).

1.1 Il trade-off fra qualità e quantità e la domanda di capitale umano

Il concetto di trade-off fra qualità e quantità fu inizialmente formalizzato da Becker (1960) e Becker-Lewis (1973). Nei loro modelli i figli sono visti come "bene di consumo" e l'utilità dei genitori è funzione del numero dei figli e della loro "qualità". Potremmo definire la qualità dei figli come la capacità di questi ultimi di generare utilità per sé e, di conseguenza, per la propria famiglia (in particolare i genitori).

L'introduzione di questo trade-off permette di spiegare come mai all'aumentare del reddito (sia nel tempo che tra famiglie diverse) si generano un numero minore di figli. Senza infatti considerare il concetto di qualità dei figli, l'osservazione dei dati porterebbe a concludere che i figli sono beni inferiori, in quanto l'elasticità della quantità dei figli rispetto al reddito è negativa. Becker e Lewis (1973) assumono che l'elasticità della qualità rispetto al reddito sia superiore all'elasticità della quantità, di conseguenza all'aumentare del reddito disponibile, la domanda di qualità aumenta, causando endogenamente un aumento del costo di ciascun figlio, e quindi una possibile riduzione della fertilità, anche se l'elasticità della quantità al reddito fosse positiva.

Il comportamento presentato è dunque assimilabile a quello nei confronti di beni durevoli: man mano che il reddito aumenta si tende a preferire beni (in questo caso i figli) di qualità superiore, sostenendo costi più alti.

Nelle estensioni successive Becker ha basato il modello sull'altruismo dei genitori nei confronti dei figli (Becker 1974, Becker e Tomes 1976 e Becker e Tomes 1986), creando modelli con famiglie dinastiche, del tipo Barro (1974); in questa classe di modelli, l'utilità totale di un figlio, che include anche l'utilità di tutti i suoi discendenti, viene interpretata come la sua qualità. Infine in Becker e Barro (1988) e Barro e Becker (1989), il modello viene incorporato nel modello neoclassico di crescita economica. In quest'ultima versione vengono studiati gli effetti della variazione di diverse variabili economiche (livello iniziale della popolazione e del capitale, progresso tecnologico, tassazione del capitale, mortalità, sistemi pensionistici) sulla fertilità.

Interpretando i figli come beni d'investimento, è possibile vedere l'aumento del capitale umano come una risposta all'esigenza proveniente dal progresso tecnologico: il maggior rendimento del capitale umano causa un maggior investimento in esso. Sotto questo punto di vista, più che l'incremento nel livello di reddito è l'accelerazione della crescita economica a generare la riduzione della fertilità (Galor e Weil 2000).

1.2 La riduzione del tasso di mortalità

La tesi preferita da molti demografi è che la riduzione della fertilità è dovuta in buona parte alla riduzione della mortalità; una simile relazione spiegherebbe, infatti, oltre che la transizione demografica anche i boom demografici in risposta agli shock di mortalità (guerre, epidemie e simili). Tra gli articoli più recenti in quest'ambito è Kalemli-Ozcan (2002); l'effetto diretto della riduzione della mortalità infantile sulla fertilità è basato su una significativa avversione al rischio nei confronti della fertilità da parte dei genitori, i quali, di conseguenza, esprimono una forte domanda precauzionale di figli (effetto *hoarding*).

La riduzione della mortalità infantile e della sua volatilità ha due effetti: da un lato si riduce la necessità della forte domanda precauzionale e dall'altro aumenta l'investimento in capitale umano, in quanto si riduce il rischio di perdita dell'investimento; in sostanza si attiva il processo di sostituzione qualità/quantità.

Questa visione è criticata, tra gli altri, da Galor (2005) e Doepke (2005), i quali ritengono implausibili due assunzioni. Primo, l'ipotesi della forte domanda precauzionale, che richiede oltre ad una forte avversione al rischio nei confronti della fertilità anche una bassa avversione al rischio nei confronti del consumo, in quanto l'alta domanda precauzionale, potrebbe causare un alto numero di figli che sopravvivono, riducendo le possibilità di consumo; secondo, che i genitori scelgano la strategia "assicurativa", con la quale anticipano la possibile mortalità, anziché quella "sostitutiva", con la quale reagiscono posticipatamente (con questa seconda strategia, i genitori sarebbero in grado di ottenere esattamente il numero di figli desiderato, ammesso che non si incorra nei limiti fisiologici di fecondità). Con quest'ultima strategia, infatti, la riduzione della mortalità infantile causerebbe una riduzione (esattamente compensativa) della fertilità totale, lasciando tuttavia invariata la fertilità netta[2].

Boldrin e Jones (2002) sviluppano un modello basato sull'ipotesi di Caldwell (1978) della domanda di fertilità come risposta all'esigenza di sicurezza economica in età avanzata. Nel paper si esprime una critica al modello di Barro e Becker, che prevede un aumento della fertilità in risposta alla riduzione della mortalità, in quanto questa è interpretabile come riduzione del costo dei figli. Nel modello di Boldrin e Jones, invece, la riduzione del tasso di mortalità causa la riduzione della fertilità, ma con un periodo di ritardo, quindi determinando un periodo di crescita della popolazione.

1.3 L'ipotesi di Caldwell

Caldwell (1976 e 1978) spiega la riduzione della fertilità con il cambiamento delle strutture familiari e dei modelli di produzione. Nel suo modello i figli sono visti come bene in cui investire al fine di ottenere un sostegno economico in età avanzata[3].

Nelle società precapitaliste, il sistema produttivo è basato sulla famiglia estesa, all'interno della quale sussistono dei rapporti di potere che generano dei vantaggi materiali di alcuni membri sugli altri; in particolare vi è un vantaggio dei maschi adulti sui figli (e sulle donne), che implica un flusso di ricchezza ascendente dalle generazioni successive, e quindi la fertilità implica un vantaggio economico. Un alto numero di figli non riduce le possibilità di consumo dei genitori, ma piuttosto le aumenta.

Nelle società capitaliste avanzate, il sistema di produzione è basato sul mercato, e quindi le relazioni familiari possono indebolirsi[4], causando un'inversione del flusso di

---

[2] Numerosi sono gli studi sulla significatività delle due strategie (Ben-Porath 1976, Olsen 1980 e 1983, tra gli altri), e in generale mostrano che entrambe vengono applicate (in genere l'effetto sostituzione non supera lo 0,5), di conseguenza ci sarà comunque un effetto della mortalità sul tasso di crescita della popolazione, in quanto l'"accumulazione" dei figli è comunque praticata.
[3] Questa motivazione per la fertilità era già presente in Neher (1971): in questo modello i genitori investivano nei figli contando sul fatto che tutti i redditi dei membri della famiglia venivano messi in comune, e quindi, una volta raggiunta l'età avanzata, avrebbero beneficiato del lavoro dei propri discendenti.
[4] Anche in un sistema di produzione capitalistico, i rapporti familiari possono rimanere intatti. Famiglie artigiane o di operai che vivono in città possono conservare la struttura delle famiglie estese; in questo caso il salario ottenuto sul mercato dai figli viene visto come un mezzo per

ricchezza, rendendo la fertilità costosa anziché redditizia; di conseguenza un alto numero di figli riduce le possibilità di consumo della famiglia.

Bisogna evidenziare che in questo modello non è necessariamente lo sviluppo economico a causare la riduzione della fertilità, bensì l'indebolimento della struttura familiare, che può o meno avvenire in concomitanza con lo sviluppo economico. Nei paesi attualmente in via di sviluppo, o in cui il processo di sviluppo non si è ancora avviato, la riduzione della fertilità può essere scatenata semplicemente dall'introduzione della cultura dei paesi cosiddetti occidentali, con i suoi valori di eguaglianza tra i sessi e tra persone di diversa età. L'occidentalizzazione dei costumi, infatti, determina una riduzione del vantaggio dei maschi adulti sul resto della famiglia, un innalzamento del livello culturale della popolazione oltre che l'introduzione di alcune politiche sociali che tendenzialmente invertono il flusso di ricchezza interno alla famiglia.

Boldrin e Jones (2002) presentano un'analisi quantitativa del modello di Caldwell, assumendo altruismo ascendente (ossia dei figli verso i genitori)[5] e formalizzando il cambiamento delle norme sociali mediante un gioco tra i fratelli per il sostegno ai genitori. Il comportamento delle società "arretrate" viene considerato come cooperativo, e quindi i trasferimenti dai figli ai genitori sono più elevati, implicando una fertilità maggiore; viceversa, nelle società occidentalizzate i fratelli non cooperano, cioè considerano i trasferimenti degli altri come dati, e quindi i genitori ricevono un minore trasferimento, causando una minore fertilità. Il paper si concentra sugli effetti della mortalità sulla fertilità nei due sistemi separatamente, lasciando a ricerca successiva lo studio della transizione tra i due sistemi, ma intuitivamente la rottura dei legami familiari determinerebbe una riduzione della fertilità totale.

1.4 Le politiche sociali

Con l'ipotesi, detta di Caldwell (benché già Leibenstein (1957) affermava che i sistemi pensionistici potevano avere un effetto negativo sulla fertilità), emerge l'importanza degli effetti che alcuni tipi di politiche sociali hanno sul costo della fertilità, e quindi sulla fertilità stessa.

---

incrementare il reddito familiare, e non come mezzo per ottenere autonomia dalla famiglia o per accumulare ricchezza personale.
[5] Questo tipo di altruismo è presente anche in Ehrlich e Lui (1991 e 1998).

In particolare, le politiche che si ritiene possano avere gli effetti più rilevanti sulla fertilità sono quelle riguardanti l'istruzione obbligatoria, il lavoro minorile e il sistema pensionistico[6]. Le prime due politiche, infatti, riducono l'ammontare di benefici materiali che i genitori possono trarre dai figli quando ancora sono giovani, aumentandone anche il costo nel caso dell'istruzione obbligatoria.

Nel caso del sistema pensionistico, il discorso è più complesso; in generale si ritiene che esso tenda a sostituire il sostegno ottenuto dalla famiglia, riducendo quindi la necessità di fare figli (Leibenstein 1957). Questo ragionamento è tipico dei modelli basati sulla motivazione pensionistica per la fertilità (tra i quali anche quelli basati sull'ipotesi di Caldwell); tuttavia, anche in modelli basati sull'altruismo esiste un legame tra sistemi pensionistici e fertilità. Ne è un esempio il modello di Becker e Barro (1988): in questo caso l'introduzione del sistema pensionistico può causare una riduzione del tasso di fertilità in maniera temporanea o permanente, a seconda che i salari ed il tasso d'interesse siano esogeni o endogeni. In questo modello, l'effetto transita attraverso l'incremento del costo della fertilità: essendo basato sull'altruismo e sulle famiglie dinastiche, se la fertilità è esogena vale l'equivalenza ricardiana (Barro 1974), e quindi l'introduzione del sistema pensionistico viene compensata da trasferimenti intergenerazionali tra genitori e figli (in particolare, i genitori lasceranno un eredità maggiore al fine di compensare esattamente i pagamenti effettuati dai figli). Quindi se il sistema pensionistico "rende meno" del risparmio privato (ossia nel caso di efficienza dinamica), questo viene visto come un costo netto, proporzionale al numero di figli. Quindi l'introduzione o l'espansione di un sistema pensionistico con queste caratteristiche genererebbe un aumento del costo della fertilità e quindi una riduzione della stessa nel solo periodo in cui l'introduzione (o l'espansione) si verificano. Se il tasso d'interesse, inoltre, fosse endogeno (ossia nel caso di economia chiusa, trattato in Barro e Becker (1989)), l'aumento del costo della fertilità causerebbe anche un aumento dell'intensità del capitale[7] e quindi una riduzione del tasso d'interesse: in questo caso la riduzione della fertilità sarebbe permanente.

---

[6] Anche un miglior accesso ai mercati finanziari, o una loro maggiore efficienza, tende a ridurre la fertilità, in quanto si riduce la necessità di "risparmiare" attraverso i figli (Cigno e Rosati 1992 e 1996). Tuttavia Nerlove, Razin e Sadka (1986) mostrano che nel caso in cui i genitori siano altruisti, il miglior accesso ai mercati finanziari può anche incrementare la fertilità per via dell'effetto reddito e per la possibilità di prendere a prestito per investire nei figli, nel caso in cui questi siano un miglior investimento.

[7] È da evidenziare che, considerando la fertilità endogenamente, l'effetto dell'introduzione del sistema pensionistico sull'intensità del capitale può essere positivo, anziché negativo, come comunemente considerato (Feldstein 1974).

1. Transizione economica e transizione demografica

La letteratura sul tema è molto vasta, e tra i contributi più recenti vanno citati Wildasin (1990), Cigno e Rosati (1992), Nishimura e Zhang (1992), Wigger (1999) e Yoon e Talmain (2001). Sono molti anche gli studi empirici, a partire[8] da Friedlander e Silver (1967), Hohm (1975) fino ai più recenti studi di Cigno e Rosati (1992 e 1996), Cigno, Casolaro e Rosati (2003), Boldrin, De Nardi e Jones (2005) e Ehrlich e Kim (2005). Gran parte di tali studi mostra un'evidente relazione negativa tra sistemi pensionistici e fertilità, sia per i modelli basati sull'altruismo intergenerazionale, sia per i modelli basati sulla motivazione pensionistica. In particolare, lo studio di Boldrin, De Nardi e Jones (2005) mostra che per i modelli basati sulla motivazione pensionistica per la fertilità, tale effetto risulta accentuato ed in grado di spiegare gran parte della variabilità della fertilità tra i paesi più sviluppati. Gli studi di Cigno e Rosati, concentrandosi su singoli paesi, evidenziano una forte relazione negativa tra copertura dei sistemi pensionistici e fertilità per molti paesi sviluppati (Italia, Giappone, Regno Unito, Stati Uniti e Germania Ovest). Tali studi vengono poi ripetuti da Cigno, Casolaro e Rosati (2003) per la Germania Ovest utilizzando un approccio VAR, evidenziando ancora una volta la relazione negativa tra sistemi pensionistici e fertilità.

---

[8] Alcuni tra i primi studi sono passati in rassegna da Nugent (1985).

2. Transizione economica e istituzione dei sistemi pensionistici

Il primo sistema pensionistico statale fu introdotto nel 1889 dal cancelliere tedesco Bismarck, e da allora tali sistemi si sono gradualmente diffusi nel resto del mondo. I sistemi pensionistici sono solitamente emersi durante l'inizio della Rivoluzione Industriale, con alcune eccezioni, come gli Stati Uniti, dove il sistema pensionistico fu introdotto dal presidente Roosevelt nel 1935, come risposta alla Grande Depressione degli anni Trenta.

Dalla loro prima introduzione in diversi paesi, la dimensione dei sistemi pensionistici si è sostanzialmente incrementata, e di conseguenza un'ampia letteratura ha studiato il fenomeno sotto diversi aspetti, principalmente di sostenibilità economica e sostenibilità politica. L'aspetto di cui ci occuperemo in questo capitolo è quello della sostenibilità politica.

La domanda che immediatamente sorge è perché questi sistemi esistono e perché la loro crescita è supportata dagli elettori[9]: bisogna infatti notare che il principale obiettivo dei sistemi pensionistici è di trasferire ricchezza da una maggioranza di elettori lavoratori ad una minoranza di elettori pensionati. Dagli anni Settanta, numerosi articoli si sono occupati di questa domanda, e diversi autori si sono occupati

1889	Germania	1913	Svezia	1927	Polonia
1891	Danimarca	1919	Italia	1928	Francia
1900	Belgio	1919	Spagna	1928	Sud Africa
1901	Paesi Bassi	1922	Jugoslavia	1928	Ungheria
1904	Argentina	1922	Unione Sovietica	1934	Grecia
1906	Austria	1923	Brasile	1935	Portogallo
1906	Cecoslovacchia	1924	Bulgaria	1935	USA
1908	Regno Unito	1924	Cile	1936	Norvegia
1912	Romania	1927	Canada	1937	Finlandia

Tabella 1 Istituzione delle pensioni statali in vari paesi
Fonte: International Social Security Association e USA Social Security Administration

---

[9] I modelli politici sono stati utilizzati anche per rispondere ad altri quesiti sui sistemi pensionistici, come ad esempio l'implementazione di riforme dei sistemi per la transizione da sistemi a ripartizione a sistemi a capitalizzazione (vedi Conesa e Krueger 1999). In questo capitolo ci occuperemo solo dei modelli che si occupano dell'introduzione dei sistemi pensionistici.

di farne una rassegna; tra le più recenti indichiamo quelle di Breyer (1994), Galasso e Profeta (2002) e de Walque (2005).

Seguendo la classificazione di Galasso e Profeta (2002), possiamo sintetizzare i motivi per la nascita e per la dimensione dei sistemi pensionistici nei seguenti:

a) Inefficienza dinamica;
b) Orizzonte temporale limitato;
c) Effetto spiazzamento sugli investimenti;
d) Redistribuzione dei redditi;
e) Contratto sociale ottimale.

Nei paragrafi successivi tratteremo in dettaglio queste motivazioni, mentre nell'ultimo paragrafo verranno presentati alcuni studi che si sono occupati delle condizioni che hanno determinato il sorgere e l'incremento della dimensione in un determinato periodo storico.

2.1 Inefficienza dinamica

Una prima spiegazione, già contenuta in Samuelson (1958), Diamond (1965) e Aaron (1966), per il sostegno ai sistemi pensionistici è data dalla loro convenienza economica per tutti gli individui in un caso speciale, l'inefficienza dinamica, ossia la situazione in cui il tasso di crescita della popolazione, che indica anche il rendimento di un sistema pensionistico a ripartizione, è superiore al rendimento derivante dall'accumulazione del capitale.

Se il rapporto tra il tasso d'interesse e il tasso di crescita dell'economia, comunemente definito variabile di Aaron, è inferiore a uno, infatti, il valore attuale della ricchezza di tutte le generazioni successive non converge, quindi un sistema pensionistico a ripartizione, o l'emissione di debito pubblico senza previsto rimborso, permette di trasferire ricchezza dalle generazioni successive senza un reale costo. In questo caso il sistema pensionistico (o il debito pubblico) sono Pareto-efficienti, comportando un vantaggio per tutti gli individui di qualunque generazione, e quindi sarebbe supportato da tutti.

Esiste, tuttavia, un'ampia letteratura empirica sul tema (vedi Abel e altri 1989), che tende a dimostrare che le economie dei paesi sviluppati sono dinamicamente efficienti, quindi questa argomentazione non appare particolarmente soddisfacente.

2.2 Orizzonte temporale limitato

Uno dei primi modelli di voto sul sistema pensionistico è quello di Browning (1975): la motivazione al sostegno politico è data dal fatto che la parte di contributi già versati al sistema sono considerati come un *sunk-cost*, e quindi non viene conteggiata per calcolare la convenienza economica delle pensioni. Se per l'elettore mediano il valore attuale dei trasferimenti dal sistema pensionistico è superiore alla parte di contributi ancora da versare, allora esiste un supporto politico per il mantenimento del sistema. Inoltre maggiore è l'età dell'elettore mediano, maggiore è la dimensione del sistema pensionistico, in quanto minore è la porzioni di incremento dei contributi che verrà internalizzata: Browning conclude quindi che l'equilibrio politico comporta, tra l'altro, una dimensione eccessiva del sistema pensionistico.

Questo risultato è ottenuto ipotizzando l'assenza di un mezzo alternativo per trasferire ricchezza dalla fase in cui si è attivi sul mercato del lavoro alla fase in cui si è pensionati. Il risultato è successivamente stato esteso da Boadway e Wildasin (1989) al caso in cui esiste un mercato di capitali, che tuttavia rimane imperfetto in quanto esistono limiti ai prestiti: il modello prevede la possibilità di un equilibrio politico, ma dopo una sequenza di oscillazione della dimensione del sistema pensionistico, in quanto un livello elevato dei contributi, comporta un vincolo di liquidità per una parte degli elettori. Un'altra ipotesi del modello era la staticità del risultato, ovvero una volta introdotto il sistema, gli elettori sono certi che questo rimarrà in vigore anche nei periodi successivi: Hu (1982) introduce l'incertezza sui risultati delle votazioni successive e Sjoblom (1985) modellizza l'evoluzione introducendo un gioco dinamico tra le generazioni.

2.3 Effetto spiazzamento degli investimenti

L'equivalenza ricardiana presentata da Barro (1974) vale nel caso in cui tutti gli individui sono in grado di compensare la politica fiscale con un'adeguata modifica delle proprie decisioni in merito ai trasferimenti intergenerazionali; in particolare un aumento del debito pubblico, che trasferisce il peso delle tasse sulle generazioni future, può essere compensato mediante un aumento dei lasciti ereditari. Tuttavia ciò presuppone che tutti gli individui vogliano lasciare un'eredità positiva: se, invece, una parte della popolazione ha un livello di reddito molto basso (o parte da una situazione di ricchezza iniziale molto bassa), questa potrebbe invece desiderare un'eredità negativa oppure un qualsiasi tipo di trasferimento di ricchezza dalle generazioni successive. Se quindi l'elettore mediano appartiene al gruppo di coloro che non hanno incentivo a lasciare eredità, il sistema pensionistico (e il debito pubblico) potrebbe emergere come opzione preferita; se anche l'elettore mediano non appartenesse a tale gruppo, anche gli individui non vincolati potrebbero sostenere il sistema pensionistico (e il debito pubblico) in quanto sostituendo il capitale in loro possesso con i titoli del debito pubblico riuscirebbero a ridurre l'intensità del capitale e quindi ad incrementare il tasso d'interesse e ridurre il livello dei salari (se capitale e lavoro sono sostituti nella funzione di produzione). In sostanza anche chi ha come fonte principale del proprio reddito l'interesse piuttosto che il lavoro può supportare il sistema pensionistico al fine di spiazzare l'investimento ed incrementare il rendimento del capitale. Questa argomentazione, fornita da Cukierman e Meltzer (1989), porta a concludere che il debito pubblico (e il sistema pensionistico) è di dimensione maggiore: maggiore è l'ineguaglianza nella ricchezza, minore è la frazione di individui la cui fonte di reddito principale è il salario, maggiore è il progresso tecnico e maggiore è la velocità di reazione del tasso d'interesse alla variazione dell'intensità del capitale rispetto alla velocità di reazione dei salari.

Boldrin e Rustichini (2000) hanno successivamente considerato la sostenibilità dinamica del sistema pensionistico confermando l'esistenza di un equilibrio perfetto nei sottogiochi in cui viene istituito il sistema pensionistico con lo scopo di ridurre il risparmio privato. Cooley e Soares (1999) nel loro modello dinamico mostrano l'importanza che ha l'effetto spiazzamento sull'introduzione dei sistemi pensionistici evidenziando, inoltre, come i costi sommersi fanno in modo che il sistema venga successivamente mantenuto in essere, secondo l'idea di Browning (1975).

2.4 Redistribuzione intragenerazionale

Una caratteristica tipica di alcuni sistemi pensionistici (quelli detti alla Beveridge) è la non perfetta corrispondenza tra i contributi versati in età lavorativa ed i benefici ottenuti durante il pensionamento. Tipicamente, infatti, i contributi versati sono proporzionali al reddito, mentre i benefici sono in una certa misura indipendenti da esso; di conseguenza gli individui a più basso reddito forniscono un sostegno al sistema in modo da poter sfruttare questa caratteristica particolare.

Questa motivazione, già suggerita da Browning (1975), è stata trattata in maniera dettagliata da Tabellini (1991 e 2000), Persson e Tabellini (2002) e Casamatta, Cremer e Pestieau (2000). In Tabellini (2000) c'è altruismo debole tra le generazioni, ed i giovani a reddito basso sostengono il sistema pensionistico in quanto tengono conto del vantaggio che i propri genitori ne traggono. In Casamatta, Cremer e Pestieau (2000) si mostra che a seconda dell'elasticità di sostituzione del consumo nei diversi periodi, gli anziani si potrebbero coalizzare con i giovani con reddito medio, piuttosto che con i più poveri. Questo dipende dal fatto che chi ha un reddito più alto desidera trasferire una quantità maggiore di risorse al secondo periodo, in quanto tende ad equilibrare il consumo nei due periodi. In ogni caso la conclusione è che l'ineguaglianza nei redditi influisce sulla dimensione dei sistemi pensionistici: in particolare, se l'elasticità di sostituzione è alta, la dimensione del sistema aumenta all'aumentare della frazione di poveri, mentre se l'elasticità di sostituzione è bassa, la dimensione aumenta all'aumentare della dimensione della classe media. Conde-Ruiz e Galasso (2005), infine, studiano la contemporanea esistenza di un altro strumento di redistribuzione dei redditi.

2.5 Contratto sociale ottimale

In presenza di altruismo ascendente, Veall (1986) mostra che gli individui tendono a risparmiare meno di quanto sarebbe ottimale, in quanto tengono conto del trasferimento che otterranno dai figli nel periodo successivo. Si tratta di un comportamento alla Stackelberg, nel quale i genitori, al fine di poter ottenere un trasferimento maggiore durante l'età avanzata, volontariamente riducono il risparmio al di sotto del livello ottimale, costringendo i figli a fornire loro un sostegno economico. In questa situazione, l'introduzione di un contratto che introduce dei trasferimenti ascendenti, come il sistema pensionistico, sarebbe Pareto-efficiente, e dunque supportata dall'intera popolazione.

2.6 L'origine storica dei sistemi pensionistici

I modelli presentati in precedenza si occupano di comprendere quali sono i motivi che spingono la maggioranza degli elettori a supportare un sistema che trasferisce risorse ad una minoranza di individui. Esiste, inoltre, un ulteriore gruppo di studi che si occupa di comprendere le motivazione che hanno portato all'introduzione dei sistemi pensionistici in un determinato periodo storico e alla loro successiva espansione.

Cutler e Johnson (2004) studiano empiricamente sei possibili motivazioni per l'introduzione dei sistemi pensionistici:

2. Transizione economica e istituzione dei sistemi pensionistici

- ✓ L'*instabilità del sistema capitalistico*: a causa delle notevoli fluttuazioni e delle frequenti recessioni delle società capitalistiche, sorse la necessità di introdurre dei sistemi che assicurassero contro i rischi di perdita del salario. Un esempio è l'introduzione del sistema pensionistico negli Stati Uniti nel periodo della Grande Depressione.
- ✓ La necessità della *legittimazione politica* di governi non supportati da elezioni democratiche porta all'introduzione dei sistemi pensionistici al fine di limitare l'opposizione politica e creare un interesse alla continuità dello Stato. Esempi in questo senso sono l'introduzione delle pensioni nella Germania di Bismarck e nell'Argentina di Perón.
- ✓ La *legge di Wagner* sostiene che le istituzioni governative, tra cui i sistemi di sicurezza sociale, sono beni di lusso, la cui domanda cresce al crescere del reddito pro-capite; in particolare, all'aumentare della ricchezza di una paese, aumenta la richiesta di misure atte a limitare la diffusione della povertà. Esempi in questo senso sono il Regno Unito e l'Australia, che introdussero i loro sistemi quando erano i più ricchi paesi al mondo.
- ✓ L'*eterogeneità della popolazione* (nel senso di popolazioni suddivise in diversi gruppi religiosi, etnici o linguistici) può avere diversi effetti sul sistema pensionistico: da un lato può limitarne la dimensione a causa dei contrasti interni, dall'altro potrebbe spingere all'introduzione al fine di attuare una redistribuzione dei redditi. Esempi sono le diversità all'interno degli Stati Uniti e del Canada.
- ✓ La *teoria del Leviatano* sostiene che i sistemi pensionistici vengono introdotti non tanto per la loro utilità, quanto al fine di espandere il più possibile il raggio di azione del governo. Questa teoria spiegherebbe l'importanza che le guerre hanno avuto nell'introduzione dei sistemi pensionistici: durante i periodi bellici, lo stato è in grado di incrementare le risorse a propria disposizione, e, successivamente, non riduce la tassazione, bensì sposta la spesa verso un'altra destinazione. L'andamento della spesa del Regno Unito è una dimostrazione in questo senso: durante la guerra l'imposizione fiscale cresce velocemente, e successivamente non ritorna più al livello prebellico.
- ✓ Un'altra spiegazione è l'*effetto dimostrazione*: diversi paesi hanno seguito i loro vicini nell'introduzione dei sistemi pensionistici al fine di

2. Transizione economica e istituzione dei sistemi pensionistici

emulare il loro successo. Questo spiegherebbe le somiglianze tra i sistemi pensionistici di paesi culturalmente o linguisticamente affini (la Germania e gli altri paesi dell'Europa centrale e il Regno Unito e gli altri paesi del Commonwealth).

Caucutt, Cooley e Guner (2007) forniscono come motivazione per l'introduzione e l'accrescimento dei sistemi pensionistici la transizione da un sistema economico principalmente agricolo e rurale ad uno urbano e industrializzato. Questa transizione, infatti, determina la necessità per la popolazione di urbana di garantirsi un sostegno economico in età avanzata in quanto non è più possibile fare affidamento sulla terra eventualmente ereditata dai propri genitori. La migrazione dalla campagna alla città è determinata nel loro modello da due fattori:

a) Il progresso tecnologico, che è stato più veloce per l'economia urbana che per quella rurale, comportando un aumento relativo dei salari in città rispetto a quelli rurali;
b) L'allungamento dell'aspettativa di vita, che da un lato ritardava il trasferimento della terra attraverso l'eredità dai propri genitori, e dall'altro incrementava l'offerta di lavoro nell'economia rurale, determinando una riduzione dei salari.

Nel momento in cui la popolazione urbana diventa prevalente, l'elettore mediano diventa un cittadino privo di reddito per l'età avanzata, che quindi sarà maggiormente propenso a sostenere l'introduzione, o l'accrescimento, del sistema pensionistico.

Conclusione

L'andamento demografico della maggior parte dei paesi sviluppati ha determinato una forte attenzione da parte degli economisti nei confronti delle cause che hanno determinato tale andamento e sulle conseguenze che questo può avere.

In merito alla relazione tra transizione economica e demografica, si contrappongono fondamentalmente due visioni: una basata sulla motivazione altruistica della fertilità, alla Becker, e un'altra basata sulla motivazione pensionistica, alla Caldwell.

Secondo il primo punto di vista è l'incremento del reddito ed il progresso tecnologico a determinare un maggior investimento da parte dei genitori nella qualità e nel capitale umano dei figli, a scapito della loro quantità.

Secondo la visione di Caldwell, la transizione da un'economia rurale, basata sulla famiglia estesa, al sistema capitalistico, e occidentalizzato, ha determinato una minore convenienza delle famiglie numerose: un numero elevato di figli era portatore di risorse per l'economia rurale, mentre per l'economia di tipo occidentale non lo è più, e ciò a prescindere dal cambiamento effettivo del sistema di produzione.

Per quanto riguarda gli effetti di tale transizione demografica, molti si sono concentrati sui risvolti che si possono avere sulla sostenibilità economica e politica dei sistemi pensionistici. Il secondo capitolo ha presentato alcuni modelli che studiano la loro sostenibilità politica e le motivazioni per la loro introduzione, limitandosi a quelli basati sul voto[10].

In particolare, il modello di Caucutt, Cooley e Guner (2007) spiega l'accrescimento dei sistemi pensionistici con la transizione economica dall'economia rurale all'economia urbana; in sostanza, il loro modello crea un parallelo con l'ipotesi di Caldwell sulla fertilità: la transizione economica tra due diversi sistemi economici, da uno rurale-Maltusiano ad uno urbano-occidentalizzato-Solowiano[11], determina uno sconvolgimento dell'economia familiare; gli individui non possono più basare la loro sicurezza economica in età avanzata sul supporto familiare (Caldwell) e del fattore terra (Caucutt *et al.*), e quindi da un lato riducono la loro fertilità, causando la

---

[10] Galasso e Profeta (2002) presentano una rassegna anche sui modelli basati sui gruppi d'interesse ed i modelli di voto multidimensionale.
[11] L'articolo di riferimento sulla transizione economica dal sistema Maltusiano al sistema Solowiano è Hansen e Prescott (2002).

transizione demografica, e dall'altro domandano un sistema che sia in grado di sostituirsi alla vecchia struttura familiare.

Questi due effetti della transizione economica si sovrappongono, nel momento in cui una riduzione della fertilità ha degli effetti sul sostegno politico ai sistemi pensionistici. Nella seconda parte di questo volume, verrà presentato un modello che studia quali possono essere i risultati di questa sovrapposizione; verrà mostrato che la transizione economica può in un primo momento determinare il sorgere dei sistemi pensionistici, ma successivamente la riduzione della fertilità determinata dalla stessa transizione può determinarne il tramonto.

Parte seconda: Un modello politico per il declino dei sistemi pensionistici

Introduzione

Nella precedente rassegna si è evidenziato il parallelo tra la transizione demografica e l'introduzione dei sistemi pensionistici come conseguenze della transizione economica e del processo di occidentalizzazione della società in generale.

I modelli basati sull'ipotesi di Caldwell (1976) propongono il cambiamento delle strutture familiari come una delle cause della transizione demografica. Tale modifica delle strutture è in alcuni casi conseguenza dello sviluppo economico e della transizione da un sistema produttivo basato sul fattore terra (sistema Maltusiano) alla produzione senza fattori fissi (sistema Solowiano), mentre in altri è conseguenza della semplice occidentalizzazione delle strutture sociali (causata dall'emulazione di alcune politiche sociali e del comportamento delle famiglie di tipo occidentale).

In qualche modo analogo è il modello di Caucutt, Cooley e Guner (2007), che propone la transizione economica come causa dell'introduzione dei sistemi pensionistici. La transizione verso un'economia familiare non più basata sul fattore terra comporta la riduzione della sicurezza economica degli individui in età avanzata, che prima facevano affidamento sulla rendita della terra, ottenuta mediante il lavoro dei membri giovani della famiglia estesa.

Il modello che qui viene proposto tenta di combinare i due processi di riduzione della fertilità e di introduzione dei sistemi pensionistici, in quanto effetti paralleli dell'occidentalizzazione delle famiglie. Il risultato che si ottiene è che un sempre più avanzato processo di destrutturazione della famiglia può, in alcuni casi, comportare una riduzione molto forte della fertilità, fino al punto di togliere i presupposti economici per un supporto politico ai sistemi pensionistici.

Il modello proposto considera due tipi di eterogeneità: gli elettori possono avere legami familiari forti o deboli (e si diranno, rispettivamente, *contadini* e *cittadini*[12]) e, inoltre, differiscono in base al livello di risorse a disposizione. Di conseguenza si avranno due elettori mediani, e parte della popolazione con legami familiari forti potrà sostenere il sistema pensionistico se il livello di reddito è sufficientemente basso.

---

[12] Tali termini vengono utilizzati per semplicità. Il modello di Caldwell, in realtà, sottolinea come l'urbanizzazione non necessariamente implica l'indebolimento dei legami familiari: esistono società fortemente urbanizzate, in cui il reddito prodotto dai figli viene comunque condiviso con la famiglia d'origine, senza perciò alcuna riduzione dei trasferimenti intergenerazionali.

Di particolare importanza è il fatto che la fertilità è endogena, dunque la scelta riguardo il numero di figli sarà influenzata dalla dimensione stessa del sistema pensionistico. L'indebolimento dei legami familiari comporterà un maggior supporto per il sistema pensionistico, ma allo stesso tempo provocherà la riduzione della fertilità (causata anche dallo stesso rafforzamento del sistema pensionistico), e quindi una minor convenienza delle pensioni. Di conseguenza la "modernizzazione" della struttura familiare non necessariamente comporterà un continuo accrescimento della spesa pensionistica; sarà piuttosto possibile una riduzione della spesa, qualora il rendimento delle pensioni si riveli eccessivamente basso anche per le famiglie con legami deboli.

I prossimi paragrafi presenteranno innanzitutto il modello nei dettagli, quindi il comportamento degli elettori, ed infine l'equilibrio politico, mostrando di volta in volta quali sono gli effetti di una variazione dei parametri del modello sull'equilibrio politico. Nel quarto capitolo verranno presentati i risultati nel caso in cui i redditi siano distribuiti in maniera omogenea. L'ultimo capitolo mostrerà i risultati di una simulazione numerica del modello, al fine di analizzare nei dettagli gli effetti dei vari parametri sull'equilibrio politico.

1. L'ambiente economico

Nella nostra economia gli agenti vivono un massimo di due periodi: alla fine del primo periodo, detto mezza età, gli agenti hanno una probabilità π di sopravvivere al secondo e ultimo periodo di vita. Inoltre, l'economia ha due località, la *campagna* e la *città*. Nella campagna i legami familiari sono più forti che in città, e questo si riflette nell'ammontare di trasferimento che i figli riconoscono ai loro genitori. Una frazione γ della popolazione vive in campagna, e il resto vive in città.

Gli individui differiscono nel loro reddito (w^i), che è distribuito nella popolazione con media w e funzione di distribuzione cumulativa $F(\cdot)$, che è positivamente asimmetrica.

La funzione obiettivo di un agente di mezza età che vive nella località k, $k \in (C, F)$, e avente un livello di reddito w^i è:

$$u(c_1^{ik}, c_2^{ik}) \equiv \ln c_1^{ik} + \beta \pi \ln c_2^{ik} \tag{1}$$

dove c_t^{ik}, $t \in (1,2)$ è il consumo dell'unico bene nel periodo t di vita e β è il fattore di sconto.

Nel primo periodo ciascun agente i riceve w^i unità del bene, sul quale deve pagare un contributo τ proporzionale al suo reddito (se viene attivato il sistema pensionistico). Inoltre, sceglie quanti figli avere: per ciascun figlio sopporta un costo pari a θ. Il reddito che non è investito nei figli deve essere consumato, altrimenti va sprecato. Quindi il vincolo di bilancio per il primo periodo è:

$$c_1^{ik} + \theta N^{ik} \leq (1-\tau) w^i \tag{2.a}$$

Nel secondo periodo, gli agenti ricevono un trasferimento d^k da ciascun figlio che hanno deciso di avere nel primo periodo; questo trasferimento dipende dalla forza dei legami familiari: si assume che in campagna il trasferimento sia più alto che in città ($d^F > d^C$). Inoltre gli agenti ricevono un trasferimento anche dal sistema pensionistico (qualora venga fondato), che è uguale all'ammontare totale dei contributi raccolti dai lavoratori del sistema diviso il numero di agenti che sono sopravvissuti. Dunque il vincolo di bilancio per il secondo periodo è:

$$c_2^{ik} \leq d^k N^{ik} + \frac{N \tau w}{\pi} \tag{2.b}$$

dove N è la fertilità totale (o media), che è quindi data da:

$$N = \gamma N^F + (1-\gamma) N^C$$

dove con N^k si indica la fertilità media nella località k.

Va notato che poiché il risparmio non è ammesso, il solo modo col quale gli agenti possono volontariamente trasferire ricchezza dal primo al secondo periodo è attraverso la fertilità. In questa economia, i figli sono percepiti come investimento, e questo investimento è più profittevole per i contadini che per i cittadini.

La scelta di istituire un sistema pensionistico è presa per votazione. Se il sistema viene istituito, non può essere abolito nel periodo seguente. Questa assunzione è necessaria in quanto se gli agenti si aspettassero l'abolizione del sistema, non voterebbero per esso, anche se l'approvazione fosse la scelta ottimale.

Il sistema pensionistico permette agli individui di trasferire ricchezza alla loro anzianità, ma l'ammontare che possono trasferire è scelto collettivamente. Di conseguenza vi sono agenti che desidererebbero trasferire più di quanto viene stabilito con la votazione, e questi avranno figli, e vi saranno agenti che vorrebbero trasferire di meno, e questi non avranno figli (in realtà vorrebbero avere un numero negativo di figli, ma questo ovviamente non è possibile).

2. Il comportamento degli elettori

Massimizzando (1), soggetto a (2.a) e (2.b), rispetto alle variabili di scelta $\{c_t^{ik}, N^{ik}\}_{t=1,2}$, si ottiene la seguente equazione di Eulero:

$$\frac{c_2^{ik}}{\beta \pi c_1^{ik}} = \frac{d^k}{\theta} \qquad (3)$$

dove possiamo vedere che il saggio marginale di sostituzione tra il consumo nei due periodi è uguale a rendimento dell'investimento nei figli. In campagna, dove il rendimento è maggiore, gli agenti consumeranno di più nel secondo periodo, quindi vorranno avere un numero maggiore di figli nel primo periodo. Le altre condizioni del primo ordine sono i due vincoli di bilancio; risolvendo per il consumo nei due periodi e per il numero di figli, si ottengono le seguenti tre espressioni:

$$c_1^{ik} = \frac{\theta w^i}{d^k(1+\beta\pi)}\left[\frac{d^k}{\theta} + \tau\left(\frac{Nw}{\pi w^i} - \frac{d^k}{\theta}\right)\right] \qquad (3.a)$$

$$c_2^{ik} = \frac{\beta\pi w^i}{1+\beta\pi}\left[\frac{d^k}{\theta} + \tau\left(\frac{Nw}{\pi w^i} - \frac{d^k}{\theta}\right)\right] \qquad (3.b)$$

$$N^{ik} = \max\left\{0, \frac{\beta\pi w^i}{d^k(1+\beta\pi)}\left[\frac{d^k}{\theta} - \tau\left(\frac{Nw}{\beta\pi^2 w^i} + \frac{d^k}{\theta}\right)\right]\right\} \qquad (3.c)$$

Dall'equazione (3.c), si può facilmente vedere che se il sistema pensionistico diventa troppo grande (come all'estremo $\tau=1$), si ottiene una soluzione d'angolo, con $N^{ik}=0$. Con alcuni semplici passaggi, si ottiene la soglia per ciascun individuo:

$$\hat{\tau}^{ik} = \frac{\beta\pi\dfrac{d^k}{\theta}}{\beta\pi\dfrac{d^k}{\theta} + \dfrac{Nw}{\pi w^i}} \qquad (4)$$

Se $\tau \geq \hat{\tau}^{ik}$, allora l'agente sceglierà di non avere figli e il consumo nei due periodi sarà:

$$c_1^{ik} = (1-\tau)w^i \qquad (3.d)$$

$$c_2^{ik} = \frac{N\tau w}{\pi} \qquad (3.e)$$

Va notato che per ogni $\tau°$, esiste una dotazione soglia $w^{\circ k}$, tale che gli agenti che vivono in k con una dotazione inferiore a $w^{\circ k}$ non avranno figli:

$$w^{\circ k} = \frac{N\theta\tau°}{\beta\pi^2 d^k (1-\tau°)} w .$$

Dalla definizione di fertilità totale, si può derivare la seguente espressione:

$$N(\tau) = \gamma \int_0^{\hat{w}} N^{iF}(\tau;w^i) f(w^i) dw^i + (1-\gamma) \int_0^{\hat{w}} N^{iC}(\tau;w^i) f(w^i) dw^i$$

dove $f(\cdot)$ denota la funzione di densità di w^i, e $\hat{w}$ è il più alto livello di reddito nella popolazione.

2.1 Statica comparata

Attraverso alcuni semplici passaggi, è possibile verificare ciò che già era atteso dall'analisi dell'equazione di Eulero:

- ✓ il consumo nel primo periodo è più alto in città
- ✓ il consumo nel secondo periodo è più basso in città
- ✓ i contadini scelgono di avere un più alto numero dei figli dei cittadini (per $0<\tau<1$).

Inoltre la popolazione a più alto reddito consuma di più in entrambi i periodi e sceglie di avere un più alto numero di figli, in quanto preferisce trasferire più risorse al secondo periodo di vita.

Gli effetti sul consumo di un cambiamento marginale nella dimensione del sistema pensionistico dipendono principalmente dalla differenza:

$$\frac{w}{\pi w^i}(N(\tau) + \tau N'_\tau(\tau)) - \frac{d^k}{\theta} \qquad (5)$$

dove $N(\tau)$ è la fertilità totale espressa in funzione della politica, e $N'_\tau(\tau)$ è la sua derivata prima rispetto a τ; dunque il primo termine nell'equazione (5) è l'effetto sulla dimensione dei benefici in età avanzata e il secondo termine è il rendimento dell'investimento nei figli.

2. Il comportamento degli elettori

Il primo termine è dato dalla somma del rendimento del sistema pensionistico e dell'effetto marginale di un cambiamento di τ su questo rendimento. Se gli anziani non sono la maggioranza, il primo termine deve essere positivo in equilibrio, perché, se fosse negativo, una riduzione di τ farebbe crescere l'ammontare di pensioni nel secondo periodo, quindi si avrebbe un incremento dell'utilità di tutti gli elettori di mezza età: l'effetto positivo sulla fertilità sarebbe più alto dell'effetto negativo dato dalla riduzione del tasso di contribuzione.

Il rendimento del sistema pensionistico per un individuo è determinato dalla fertilità totale (dato che il sistema pensionistico è a ripartizione), la probabilità di sopravvivere al secondo periodo (maggiore è la mortalità, maggiore è il rendimento delle pensioni, perché maggiore è il numero dei pensionati) e il rapporto tra il proprio reddito e il reddito medio (visto che il sistema pensionistico include una forma di redistribuzione intragenerazionale).

Se la differenza (5) è positiva, allora se il sistema pensionistico cresce, il consumo cresce in entrambi i periodi, altrimenti il consumo si riduce.

L'effetto sulla fertilità individuale di un incremento di τ è chiaramente non positivo: al crescere di τ, gli agenti hanno meno reddito disponibile da investire nei figli, e, allo stesso tempo, hanno già un maggior ammontare di trasferimento dal sistema pensionistico nel secondo periodo, quindi hanno bisogno di spostare un minor ammontare di reddito all'età avanzata attraverso l'investimento nei figli. Di conseguenza, l'effetto dell'introduzione (o dell'incremento della dimensione) del sistema pensionistico sulla fertilità totale è non positivo[13], come appena detto.

Inoltre una migrazione dalla campagna alla città (ovvero un incremento in γ) implicherebbe una riduzione nella fertilità totale, dunque nella profittabilità del sistema pensionistico, perché i cittadini hanno una fertilità inferiore.

La sezione successiva mostrerà come questi effetti endogeni attraverso la fertilità influenzano l'equilibrio politico.

---

[13] In generale l'effetto sarà negativo, perché $N(\tau)$ può essere indipendente da τ solo se $\tau=1$, e nemmeno i più ricchi tra i contadini vogliono avere figli, ma in equilibrio ciò può avvenire solo se gli anziani fossero la maggioranza della popolazione.

3. L'equilibrio politico

Nelle sezioni precedenti, abbiamo visto come gli agenti cambiano il loro comportamento al variare dei parametri, considerandoli esogeni. In questo capitolo verrà calcolato l'equilibrio politico del sistema. Ci concentreremo sugli elettori di mezza età, in quanto la politica preferita dagli anziani è ovviamente $\tau=1$, dato che essi non si preoccupano della riduzione nel periodo successivo del rendimento delle pensioni. La funzione di utilità indiretta per un elettore di mezza età è:

$$V^{ik}(\cdot)=\ln\frac{\theta}{d^k}+\beta\pi\ln\beta\pi+(1+\beta\pi)\ln\left[\frac{w^i}{1+\beta\pi}\right]+(1+\beta\pi)\ln\left[\frac{d^k}{\theta}+\tau\left(\frac{wN(\tau)}{w^i\pi}-\frac{d^k}{\theta}\right)\right] \qquad (6)$$

Nei prossimi due paragrafi verrà calcolato l'equilibrio politico in due casi: nel primo la fertilità verrà considerata come esogenamente data, mentre nel secondo verrà preso in considerazione l'effetto endogeno del sistema pensionistico sulla scelta di fertilità.

3.1 L'equilibrio con fertilità esogena

Assumendo che la fertilità sia esogenamente data, gli elettori non si aspettano che un incremento della dimensione del sistema pensionistico possa ridurre la fertilità totale, e quindi il rendimento delle pensioni: tuttavia questa assunzione sulla fertilità è tipica della letteratura dei modelli di voto sui sistemi pensionistici. Una giustificazione possibile per tale assunzione potrebbe essere che gli elettori si attendono un'immigrazione da un'altra economia che compensi l'effetto della fertilità ridotta.

Al fine di ottenere la politica preferita da ciascun agente, si massimizza (6) rispetto a τ, e si ottiene:

$$\frac{\partial V^{ik}}{\partial \tau}=\frac{1+\beta\pi}{(1-\tau)\frac{w^i d^k}{w\theta}+\tau\frac{N}{\pi}}\left[\frac{N}{\pi}-\frac{w^i d^k}{w\theta}\right] \qquad (7.a)$$

È possibile vedere che un incremento in τ sposterebbe semplicemente l'investimento dai figli al sistema pensionistico, quindi il segno dell'effetto sull'utilità degli individui dipende dal rendimento implicito dei due sistemi di risparmio, il quale varia tra gli agenti: i contadini hanno un rendimento maggiore dall'investimento nei figli rispetto ai cittadini; i ricchi hanno un rendimento inferiore dal sistema pensionistico rispetto ai poveri.

In questo caso, in entrambe le località si avrebbero due coalizioni che preferiscono politiche estreme: infatti, gli elettori che hanno una dotazione $w^i > \frac{N\theta w}{\pi d^k}$ preferiranno $\tau=0$ e gli altri preferiranno un τ positivo. Tuttavia, questo livello positivo non sarà $\tau=1$, perché in questo caso l'agente non sarebbe in grado di consumare nel primo periodo. Dall'equazione (4), si è visto che se $\tau \geq \hat{\tau}^{ik}$ allora l'agente deciderà di non avere figli; in questo caso, massimizzando la funzione di utilità indiretta, otteniamo che il livello preferito di tassa sarebbe $\tilde{\tau} = \frac{\beta\pi}{1+\beta\pi}$ per qualunque agente con dotazione $w^i < \frac{N\theta w}{\pi d^k}$.

Il numero di elettori che supportano l'introduzione di un sistema pensionistico è dato da:

$$\frac{\pi}{N} + (1-\gamma)F\left(\frac{Nw\theta}{\pi d^C}\right) + \gamma F\left(\frac{Nw\theta}{\pi d^F}\right) \qquad (8)$$

dove il primo termine è il numero degli anziani[14], il secondo termine è il numero dei cittadini più poveri per i quali il rendimento delle pensioni è più alto del rendimento dei figli, e il terzo è il numero dei contadini più poveri.

Dunque, per la politica di equilibrio ci sarebbero due casi:

a) $(1-\gamma)F\left(\frac{Nw\theta}{\pi d^C}\right) + \gamma F\left(\frac{Nw\theta}{\pi d^F}\right) < \frac{N-\pi}{2N}$. In questo caso il sistema pensionistico non viene introdotto in quanto non c'è un supporto sufficiente.

b) $(1-\gamma)F\left(\frac{Nw\theta}{\pi d^C}\right) + \gamma F\left(\frac{Nw\theta}{\pi d^F}\right) > \frac{N-\pi}{2N}$. In questo caso si avrà un sistema pensionistico con $\tau=\tilde{\tau}$, se gli anziani non sono la maggioranza (ovvero se $\pi < N$), o $\tau=1$ in caso contrario.

Va notato che nel secondo caso, gli agenti di mezza età che supportano il sistema pensionistico sceglieranno di non avere figli, mentre gli agenti che non lo supportano continueranno ad avere figli, perché per loro vale $\tilde{\tau} < \hat{\tau}^{ik}$.

Un più alto livello di fertilità ha due effetti: da un lato aumenta il rendimento delle pensioni, quindi incrementando il numero di elettori di mezza età che le supportano; dall'altro aumenta il peso degli elettori di mezza età rispetto a quello degli anziani,

---

[14] Dato che N è esogeno, si assume anche che sia costante nel tempo, così come gli altri parametri.

3. L'equilibrio politico

dunque riducendo il numero di elettori favorevoli al sistema pensionistico. L'effetto complessivo sull'equilibrio è ambiguo, e dipende principalmente dalla distribuzione dei redditi. Inoltre una minore probabilità di sopravvivenza incrementa il rendimento delle pensioni e riduce il numero degli anziani, quindi generando lo stesso risultato.

Una riduzione del rendimento dell'investimento nei figli per una o entrambe le località renderebbe più attrattivo il sistema pensionistico, incoraggiando la sua introduzione.

Infine, un più alto livello di urbanizzazione incrementerebbe il peso degli elettori urbani, che sono più favorevoli al sistema pensionistico.

Anche la forma della funzione di distribuzione dei redditi ha un ruolo: se la disuguaglianza aumenta ci si può aspettare che gli elettori siano più desiderosi di sfruttare la redistribuzione intragenerazionale del sistema.

3.2 L'equilibrio con fertilità endogena

Se non si assume che N sia esogeno, e si prende in considerazione l'effetto endogeno delle pensioni sulla scelta di fertilità, massimizzando (6) rispetto a τ, si ottiene la politica preferita da ciascun agente. Per fare questo, è necessario prima osservare come il cambiamento marginale della politica influenza l'utilità degli elettori:

$$\frac{\partial V^{ik}}{\partial \tau} = \frac{1+\beta\pi}{(1-\tau)\frac{d^k}{\theta}+\tau\frac{wN(\tau)}{w^i\pi}} \left[\frac{w}{w^i\pi}(N(\tau)+\tau N'_\tau(\tau)) - \frac{d^k}{\theta} \right] \qquad (7.b)$$

Un incremento marginale della politica ha tre effetti sull'utilità indiretta degli elettori. Primo, un incremento nella quota di reddito obbligatoriamente investita nel sistema pensionistico: questo effetto dipende dal rendimento del sistema pensionistico, che è maggiore per gli elettori più poveri. Secondo, una riduzione del rendimento del sistema pensionistico, tenendo fisso l'ammontare investito in esso. Terzo, una riduzione nella quota di reddito investita nei figli; questo effetto dipende dal loro rendimento, che è maggiore in campagna che in città.

La somma dei primi due effetti deve essere positiva, come si è già visto nel capitolo precedente.

Il segno e la dimensione dell'effetto complessivo è diverso tra contadini e cittadini e tra elettori ricchi e poveri: i contadini hanno un effetto negativo maggiore, in quanto

3. L'equilibrio politico

rinunciano ad un maggiore rendimento dei figli; gli elettori ricchi hanno un effetto positivo più piccolo, in quanto per loro il rendimento delle pensioni è minore.

È possibile riscrivere l'equazione (7.b) come segue:

$$\frac{\partial V^{ik}}{\partial \tau} = \frac{1+\beta\pi}{(1-\tau)\frac{w^i d^k}{w\theta} + \tau\frac{N(\tau)}{\pi}} \left[\left(\frac{N(\tau)}{\pi} + \frac{\tau}{\pi} N'_\tau(\tau) \right) - \frac{w^i d^k}{w\theta} \right] \qquad (7.c)$$

In questa equazione è possibile identificare facilmente una coppia di contadini e cittadini che hanno preferenze simili nei confronti della politica. Infatti si ottiene:

$$w^{iF} = \frac{d^C}{d^F} w^{iC} \qquad (9)$$

Per ogni cittadino con dotazione w^{iC}, c'è sempre un contadino, con dotazione w^{iF}, che ha la stessa preferenza nei confronti della politica, e il contadino è sempre più povero del suo corrispondente cittadino. Dato che un contadino ha un rendimento più alto dall'investimento nei figli, deve avere una dotazione più bassa (e quindi un rendimento più alto dalle pensioni) al fine di preferire lo stesso livello di pensione del suo corrispondente urbano.

Dato che le preferenze sono monotoniche nella dotazione, la condizione di *single crossing* è soddisfatta e un vincitore di Condorcet esiste tra i livelli di contribuzione. Per trovare la politica di equilibrio, bisogna conoscere la coppia di elettori (un contadino e un cittadino) che hanno il ruolo di elettori mediani. Sia w^{*k} la dotazione di un elettore residente in k e con politica preferita τ^*; imponendo (7.c) uguale a zero e risolvendo per w^{*k}, si trova che la relazione tra politica preferita e dotazione è data da:

$$w^{*k} = \frac{w\theta}{\pi d^k} \left[N(\tau^*) + \tau^* N'_\tau(\tau^*) \right] \qquad (10)$$

Sia τ^{*m} la politica di equilibrio; in equilibrio, il numero di elettori che supportano $\tau > \tau^{*m}$ deve essere uguale al numero di elettori che supportano $\tau < \tau^{*m}$. Nella prima coalizione ci saranno tutti gli anziani e i più poveri tra gli elettori di mezza età (con una proporzione più grande tra i cittadini, visto che essi sono più favorevoli al sistema pensionistico). Usando le equazioni (9) e (10) l'equilibrio è definito dalla seguente equazione:

3. L'equilibrio politico

$$(1-\gamma)F\left(\frac{w\theta}{\pi d^C}\left[N(\tau^{*m})+\tau^{*m}N'_\tau(\tau^{*m})\right]\right)+\gamma F\left(\frac{w\theta}{\pi d^F}\left[N(\tau^{*m})+\tau^{*m}N'_\tau(\tau^{*m})\right]\right)=\frac{N(0)-\pi}{2N(0)} \quad (11)$$

Questo equilibrio[15] è molto più complesso di quello con fertilità esogena. Qui un cambiamento nei parametri influenza la scelta di fertilità, e quindi la profittabilità del sistema pensionistico.

Un più alto livello di urbanizzazione stavolta ha due effetti opposti: aumenta il peso degli elettori urbani, che sono più favorevoli al sistema pensionistico, ma riduce anche la fertilità, rendendo le pensioni, basate sul sistema a ripartizione, meno attraenti. È importante notare che questo secondo effetto non è catturato in un modello con fertilità esogena: nel paragrafo precedente si è visto che considerando la fertilità esogena, l'aumento della popolazione urbana (ovvero l'indebolimento dei legami familiari) favoriva certamente l'introduzione di un sistema pensionistico, a causa del maggior peso dell'elettorato con rendimento da fertilità ridotto. Dall'equazione (11), invece, emerge anche un ulteriore effetto di riduzione della fertilità complessiva, e quindi di riduzione del rendimento del sistema pensionistico a ripartizione: la riduzione di entrambi i rendimenti rende ambiguo l'effetto complessivo, e si possono quindi determinare diversi schemi di relazione tra spesa pensionistica e urbanizzazione.

Un minor trasferimento familiare dai figli in una località rende gli elettori di quella località più favorevoli a sostituire i figli con il sistema pensionistico, ma allo stesso tempo riduce la fertilità totale, dunque il numero di elettori che supportano le pensioni in entrambe le località.

Una più alta probabilità di sopravvivenza aumenta la fertilità totale, perché gli agenti desiderano risparmiare di più, ma incrementa anche il numero di agenti che sopravvivranno all'ultimo periodo. Dunque l'effetto sulla redditività delle pensioni dipende dal livello degli altri parametri. Inoltre, un'alta probabilità di sopravvivenza aumenta il numero di elettori anziani, quindi aumentando il numero di elettori favorevoli alle pensioni. L'effetto complessivo è ambiguo, e dipende dalla forma della funzione di distribuzione delle dotazioni.

Nella sezione successiva verrà mostrata la soluzione esplicita del modello nel caso in cui i redditi siano distribuiti in maniera omogenea, mentre l'ultima sezione mostrerà i

---

[15] Il numero degli anziani è $\frac{\pi}{N(0)}$, in quanto nel periodo precedente il sistema pensionistico non era ancora stato introdotto.

3. L'equilibrio politico

risultati di alcune simulazioni numeriche del modello, illustrando come l'equilibrio politico cambia a seconda dei parametri esogeni.

4. Omogeneità dei redditi

Nelle sezioni precedenti si è ipotizzato che i redditi siano distribuiti in modo eterogeneo; in questa sezione si adotterà, invece, l'ipotesi semplificatrice che tutti gli individui abbiano la stessa dotazione di risorse, in modo da poter studiare più nel dettaglio la dinamica dell'equilibrio politico a seconda dei parametri del modello.

Adottando quest'ipotesi, le equazioni (3.a), (3.b) e (3.c) diventano:

$$c_1^k = \frac{\theta w}{d^k(1+\beta\pi)}\left[\frac{d^k}{\theta}+\tau\left(\frac{N}{\pi}\frac{d^k}{\theta}\right)\right] \qquad (12.a)$$

$$c_2^k = \frac{\beta\pi w}{1+\beta\pi}\left[\frac{d^k}{\theta}+\tau\left(\frac{N}{\pi}\frac{d^k}{\theta}\right)\right] \qquad (12.b)$$

$$N^k = \max\left\{0, \frac{\beta\pi w}{d^k(1+\beta\pi)}\left[\frac{d^k}{\theta}-\tau\left(\frac{N}{\beta\pi^2}+\frac{d^k}{\theta}\right)\right]\right\} \qquad (12.c)$$

Dalla definizione di fertilità è possibile ottenere stavolta un'espressione esplicita per la fertilità totale:

$$N(\tau) = \begin{cases} \dfrac{(1-\tau)\beta\pi^2 w d^C d^F}{\theta\left[\pi(1+\beta\pi)d^C d^F + \tau w\left(\gamma d^C + (1-\gamma)d^F\right)\right]} & \text{PER } \tau \leq \dfrac{d^C d^F \pi(1+\beta\pi)}{\gamma w(d^F - d^C)} \\ \dfrac{\gamma(1-\tau)\beta\pi^2 w d^F}{\theta\left[\pi(1+\beta\pi)d^F + \gamma\tau w\right]} & \text{PER } \tau \geq \dfrac{d^C d^F \pi(1+\beta\pi)}{\gamma w(d^F - d^C)} \end{cases} \qquad (13)$$

Per τ inferiore al valore soglia, la fertilità è strettamente positiva sia in città sia in campagna, mentre quando la soglia viene superata, la fertilità è positiva solo in campagna; va notato che la fertilità in campagna (e quindi anche quella totale) si annulla solo per $\tau=1$.

Sostituendo quest'ultima funzione nelle equazioni (12.a) e (12.b) si ottiene il consumo dei due periodi in funzione del livello di contribuzione. Sostituendo il consumo nella funzione di utilità si ottiene la funzione di utilità indiretta

$$V^k(\cdot) = \beta\pi\ln\frac{\beta\pi d^k}{\theta} + (1+\beta\pi)\ln\left[\frac{(1-\tau)w}{1+\beta\pi}\left(1+\frac{\beta\pi\tau w d^{(-k)}}{d^C d^F \pi(1+\beta\pi)+\tau w\left(\gamma d^C+(1-\gamma)d^F\right)}\right)\right] \qquad (14)$$

4. Omogeneità dei redditi

Massimizzando questa funzione rispetto a τ, si ottiene il contributo ottimale dal punto di vista dei cittadini e dei contadini. Va notato che, naturalmente, i cittadini preferiscono un livello più elevato di contribuzione, in quanto per loro è maggiore la convenienza del sistema pensionistico rispetto a quello familiare.

Escludendo l'eterogeneità dei redditi, il contributo di equilibrio preferito sarà uguale per tutti gli appartenenti allo stesso gruppo (in quanto identici) e l'elettore mediano sarà uno solo (con preferenze identiche a tutti gli appartenenti allo stesso gruppo). Di conseguenza, al variare della dimensione dei gruppi, il livello di contribuzione cambia solo quando l'elettore mediano passa da un gruppo all'altro; ciò comporta che un più alto livello di urbanizzazione, che porta a una riduzione della fertilità, non implica una variazione di τ se non quando i cittadini diventano la maggioranza. Dunque all'aumentare dell'urbanizzazione la convenienza del sistema pensionistico si riduce per entrambi i gruppi, e quindi si riduce anche il loro τ ottimale (ed il livello di equilibrio); il livello di contribuzione aumenta solo quando l'elettore mediano entra nel campo dei cittadini (vedi Fig. 1).

È da notare, quindi, che l'indebolimento dei legami familiari non comporta necessariamente l'introduzione (o il rafforzamento) del sistema pensionistico: isolando infatti l'effetto dello spostamento dell'elettore mediano, è possibile notare l'effetto causato dalla riduzione del rendimento del sistema pensionistico a causa del maggior peso delle famiglie con legami familiari deboli.

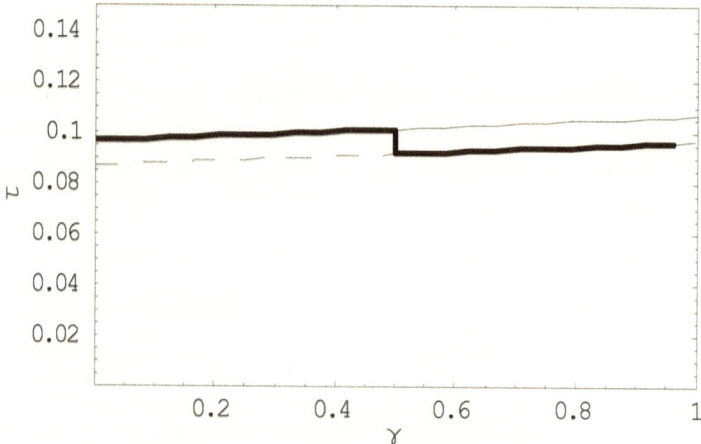

Figura 1: Politica di equilibrio e popolazione rurale

Inoltre, a seconda del valore dei parametri, è anche possibile che il sistema pensionistico:
- ✓ non venga mai introdotto, se non conviene a nessuno,
- ✓ venga introdotto solo quando i cittadini diventano la maggioranza,
- ✓ scompaia una volta che il rendimento del sistema pensionistico si riduce al di sotto del rendimento familiare, il che può avvenire sia quando i cittadini sono la maggioranza, sia quando ancora non lo sono, ed in quest'ultimo caso potrebbe ricomparire una volta che l'elettore mediano diventa un residente urbano.

L'ipotesi di omogeneità dei redditi ci ha permesso di osservare esplicitamente alcuni aspetti del modello presentato nei capitoli precedenti, in particolare l'effetto che la riduzione della fertilità ha sul supporto politico al sistema pensionistico. Tuttavia, la discontinuità che si osserva nell'andamento della politica di equilibrio è poco verosimile e dunque poco attraente; l'ultima sezione di questa parte mostrerà una simulazione numerica del modello presentato.

5. Simulazione numerica

Questo capitolo mostrerà i risultati di una simulazione numerica del modello introdotto nelle sezioni precedenti, al fine di osservare quale sia l'effetto dei vari parametri sull'equilibrio politico.

Ciò che si vuole mostrare è quale sia la relazione tra i vari parametri e la politica di equilibrio, senza puntare a replicare esattamente i dati reali, dato che il modello è molto semplificato rispetto alla realtà. Le domande di base sono:

- ✓ Quale è la relazione tra il grado di urbanizzazione e la politica di equilibrio, e come cambia questa relazione al variare della forza dei legami familiari?
- ✓ Quale è la relazione tra la probabilità di sopravvivenza e la politica di equilibrio?
- ✓ Come cambia la politica di equilibrio al variare della disuguaglianza delle dotazioni?

Per i parametri si farà riferimento ai dati dell'economia statunitense nel 2003.

Per la probabilità di sopravvivenza, la National Vital Statistics System riporta che la probabilità di un trentenne di sopravvivere fino ai settant'anni è del *78.96%*. Inoltre si impone $\beta=0.676$, che corrisponde ad un valore annuale di *0.99*. Per γ, si usano i dati CENSUS, e si imposta uguale a *23%*.

Per la distribuzione del reddito, si segue lo studio di Bandourian, McDonald, e Turley (2002), che suggeriscono la funzione di distribuzione di Weibull come la migliore tra le distribuzioni a due parametri per gli Stati Uniti; questa distribuzione richiede due parametri. McDonald (1984) mostra la relazione tra questi due parametri e il reddito medio e il coefficiente di Gini. Si imposta il coefficiente di Gini pari a *0.456* e il reddito medio viene normalizzato a *100*.

Gli altri parametri che bisogna fissare sono il costo dei figli e il trasferimento intergenerazionale familiare. Si fissa il costo dei figli al *7%* del reddito familiare, e, al fine di replicare il rapporto tra consumo dopo e prima del pensionamento (che intorno al 70-80%), si fissano i trasferimenti intergenerazionali familiari al *9%* e al *10.37%*, rispettivamente per le famiglie urbane e rurali, che corrispondono a un rendimento annuale sull'investimento nei figli dello 0.5% - 1%.

La figura 2 mostra la percentuale degli elettori favorevoli alle pensioni al variare del livello di contribuzione. La linea più spessa rappresenta tutti gli elettori (incluso gli anziani), la curva tratteggiata solo gli elettori urbani di mezza età, e la linea punteggiata solo i contadini di mezza età. La politica di equilibrio è il *10.1%*. Come si può vedere, la politica preferita dagli elettori di mezza età è molto più bassa della politica di equilibrio: è l'*8.91%* per i contadini e il *9.46%* per i cittadini. Il livello di fertilità totale è *2.58* (*2.74* per i contadini e *2.53* per i cittadini).

Le figure 3-5 presentano i risultati di alcune analisi di sensitività dell'aliquota di equilibrio rispetto alla percentuale dei contadini (γ), alla disuguaglianza delle dotazioni, e alla probabilità di sopravvivenza (π).

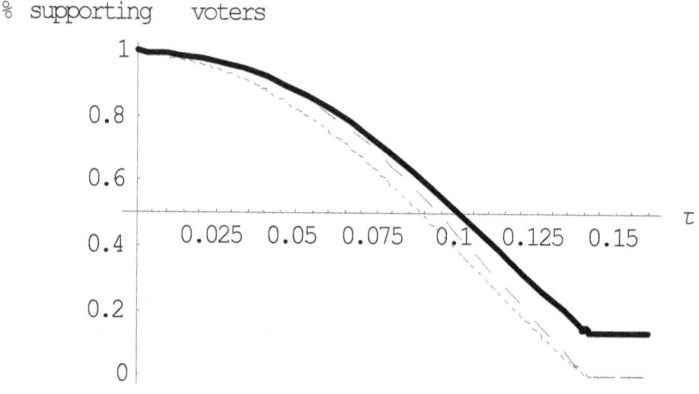

Figura 2: Percentuale degli elettori favorevoli al variare del livello di contribuzione

5. Simulazione numerica

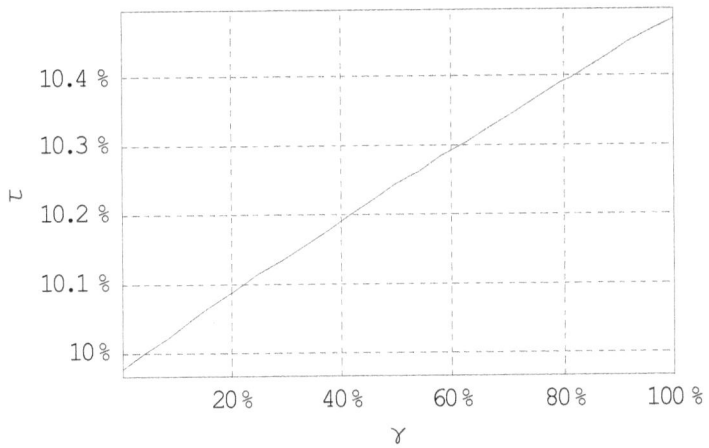

Figura 3: Politica di equilibrio e popolazione rurale.

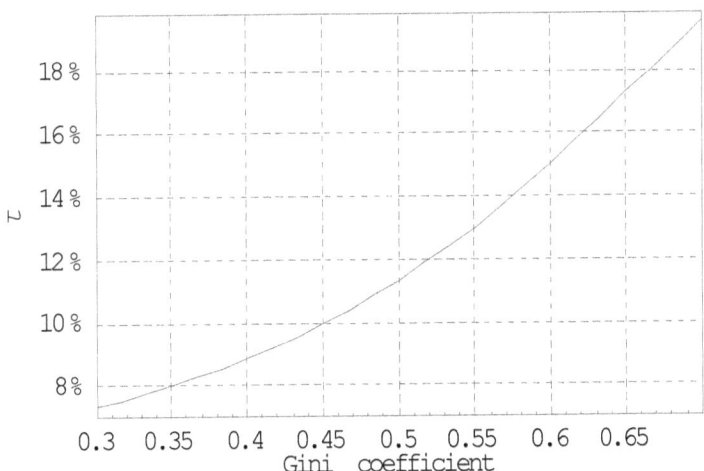

Figura 4: Politica di equilibrio e disuguaglianza reddituale

5. Simulazione numerica

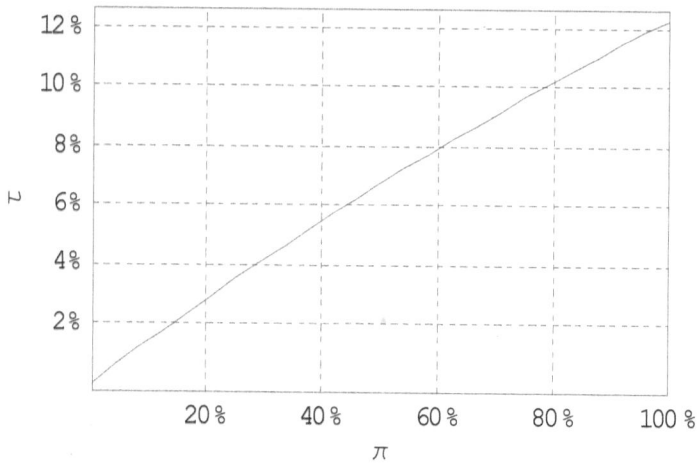

Figura 5: Politica di equilibrio e probabilità di sopravvivenza

La relazione tra popolazione rurale e politica di equilibrio è abbastanza sorprendente, infatti maggiore è il livello di urbanizzazione, minore è il livello di contribuzione. Questo effetto emerge perché una più alta percentuale di popolazione rurale implica una maggiore profittabilità del sistema pensionistico: sebbene i contadini sono meno favorevoli al sistema pensionistico, l'incremento della fertilità totale rende le pensioni più redditizie. Infatti, se $\gamma=1$ la fertilità media è 2.63 circa, che insieme alla probabilità di sopravvivenza implica che il sistema pensionistico ha un rendimento più alto dell'investimento nei figli, anche per i contadini. Le figure 6-7 mostrano che se i legami familiari fossero più forti (ovvero il rendimento dell'investimento nei figli fosse maggiore) i risultati sarebbero differenti: i contadini preferirebbero l'investimento nei figli al sistema pensionistico; dunque all'aumentare della percentuale di popolazione rurale, la politica di equilibrio si riduce.

La relazione tra politica di equilibrio e disuguaglianza reddituale è come ci si aspettava: all'aumentare della disuguaglianza, gli elettori sono più propensi a sfruttare la redistribuzione intragenerazionale del sistema pensionistico, e ciò implica un incremento della politica di equilibrio.

5. Simulazione numerica

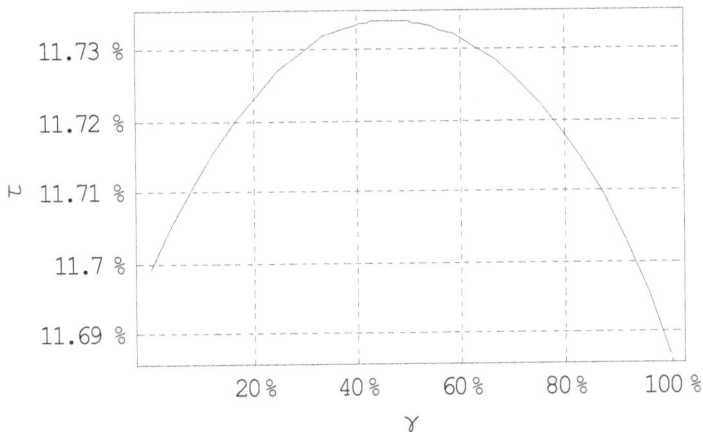

Figura 6: Politica di equilibrio e popolazione rurale con un rendimento annuale dei figli del 2.39-2.86%.

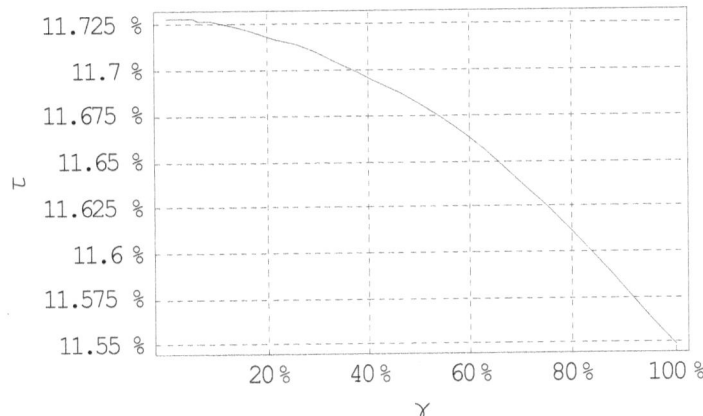

Figura 7: Politica di equilibrio e popolazione rurale con un rendimento annuale dei figli del 2.66-3.13%.

La relazione tra la probabilità di sopravvivenza e la politica di equilibrio è positiva: il maggior numero di anziani e l'effetto positivo sulla fertilità prevalgono sull'effetto negativo dovuto ad un minor rendimento delle pensioni (causato da maggior numero di pensionati nel secondo periodo).

Confrontando le figure 3-6-7 si può vedere che la relazione tra urbanizzazione e politica di equilibrio dipende dalla forza dei legami familiari: se i legami si indebolissero, il sistema pensionistico potrebbe risultare conveniente persino per i

5. Simulazione numerica

contadini. Di particolare interesse è la figura 5: si può notare che quando la popolazione rurale è la maggioranza, la migrazione verso la città potrebbe incrementare la spesa pensionistica di equilibrio, ma quando la popolazione urbana diventa prevalente, la fertilità diminuisce e il tasso di contribuzione di equilibrio decresce.

Infine, applicando gli stessi parametri al modello con fertilità esogena, e impostando il tasso di fertilità uguale a 2 e $\frac{d^F}{d^C}=1.15$, si ottiene che gli elettori che preferiscono il sistema pensionistico all'investimento nei figli sono la maggioranza, dunque imposterebbero la politica al suo valore massimo ($\tilde{\tau}=\frac{\beta\pi}{1+\beta\pi}=34.8\%$). La figura 8 mostra la frazione di elettori che supportano il sistema pensionistico in funzione della fertilità e del rendimento dell'investimento nei figli, dove la curva di livello più spessa denota il 50% dell'elettorato. Ogniqualvolta gli elettori favorevoli alle pensioni sono la maggioranza (area più chiara), il sistema pensionistico viene istituito con $\tau=\tilde{\tau}$.

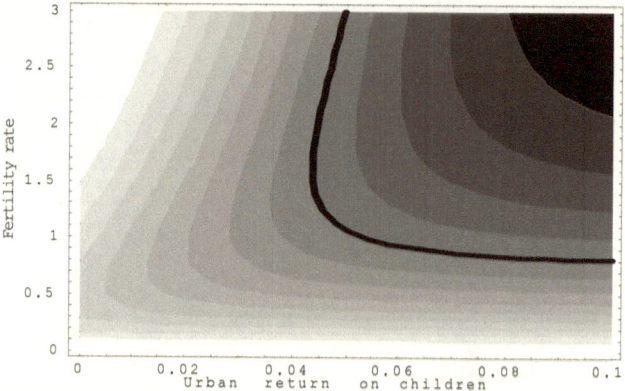

Figura 8: Percentuale dei favorevoli alle pensioni in funzione della fertilità (esogena) e del rendimento dei figli

Conclusione

In un modello con fertilità esogena, un maggiore livello di urbanizzazione porta senza ambiguità ad un incremento dell'aliquota contributiva di equilibrio, perché i cittadini sono più favorevoli al sistema pensionistico. Tenendo in considerazione l'effetto endogeno sulla fertilità, questa conclusione non è assicurata, dato che la riduzione della fertilità media può talvolta invertire questo effetto.

Senza tenere in considerazione l'effetto fertilità, una maggiore probabilità di sopravvivenza produce due effetti: un aumento del peso politico degli anziani e una diminuzione del rendimento del sistema pensionistico, a causa del maggior numero di individui che sopravvivono al secondo periodo. Tenendo in considerazione anche gli effetti endogeni sulla fertilità, c'è anche un altro effetto: l'incremento del tasso di fertilità, che a sua volta significa un incremento del rendimento del sistema pensionistico.

La simulazione numerica ha mostrato che l'indebolimento dei legami familiari può causare un iniziale incremento della domanda di sistemi pensionistici, a causa del maggior bisogno di sicurezza economica in età avanzata; tuttavia quando la frazione di "famiglie deboli" diventa sempre più grande, il tasso di fertilità di reduce, e la domanda di pensioni si può ridurre. Questa particolare caratteristica potrebbe generare consenso su un eventuale riforma che tenda a ridurre il ruolo del sistema pensionistico a ripartizione.

In questo modello si è assunto che la distribuzione del reddito e la località in cui l'individuo vive sono non correlate; assumendo che in città (famiglia debole) il reddito medio sia più alto che in campagna, si otterrebbe che gli elettori urbani potrebbero essere relativamente meno favorevoli verso il sistema pensionistico, a causa della redistribuzione intragenerazionale del sistema. Inoltre, supponendo che la disuguaglianza reddituale è diversa nelle due località, si otterrebbe che nella località con più alta disuguaglianza, gli agenti sarebbero relativamente più favorevoli verso il sistema pensionistico, dato che sarebbero più desiderosi di sfruttare la redistribuzione intragenerazionale del sistema.

Parte terza: Verifiche empiriche

Introduzione

Nella seconda parte del volume è stato presentato un modello che identifica alcune caratteristiche del processo di introduzione dei sistemi pensionistici in relazione al grado di sviluppo economico e sociale di un paese.

In particolare si è mostrato che la destrutturazione dei legami familiari causa da un lato la riduzione della fertilità e dall'altro l'introduzione dei sistemi pensionistici, e anche che il primo fenomeno può allo stesso tempo causare una riduzione del supporto politico verso tali sistemi.

Il risultato complessivo della destrutturazione familiare è però ambiguo, e le simulazioni numeriche hanno mostrato che a seconda dei parametri economici e demografici sono possibili diversi pattern di sviluppo dei sistemi pensionistici:

a) un continuo aumento della spesa pensionistica;
b) una contrazione della spesa pensionistica;
c) un pattern ad U-rovesciata, con un'iniziale accrescimento della spesa ed una successiva riduzione della stessa.

Tutti e tre gli schemi hanno in comune la concavità della relazione tra forza dei legami familiari e dimensione del sistema.

Questa ultima parte presenterà i risultati di alcuni test empirici condotti su un insieme di paesi con diverso grado di sviluppo al fine di verificare quale dei tre è il pattern prevalente.

1. Metodologia

La seconda parte di questo volume ha presentato un modello teorico che mette in relazione l'evoluzione delle strutture familiari e la dimensione dei sistemi pensionistici. La conclusione fondamentale a cui porta il modello presentato è che l'indebolimento dei legami familiari dapprima fornisce una spinta all'introduzione dei sistemi pensionistici, a causa di una riduzione nel sostegno economico da parte dei figli e la conseguente necessità di sostituire il sistema familiare con quello centralizzato, e successivamente, a causa della riduzione della fertilità totale e la conseguente riduzione del vantaggio economico derivante dal sistema centralizzato, causa una riduzione del sostegno politico per tale sistema.

I due effetti di questa trasformazione della famiglia sono opposti e l'effetto complessivo è dunque ambiguo: le simulazioni numeriche hanno mostrato che si possono avere diversi schemi di sviluppo dei sistemi pensionistici (monotono crescente, monotono decrescente e non monotono ad U-rovesciata), tutti aventi in comune la concavità della relazione.

Al fine di verificare empiricamente quale dei tre schemi prevale, si procederà ad un'analisi di regressione.

1.1 Il modello econometrico

La specificazione di base che verrà utilizzata per la regressione è il modello lineare:

$$\tau_i = \beta_0 + \beta_1(1-\gamma)_i + \beta_2(1-\gamma)_i^2 + \beta_3 w_i + \beta_4 N_i + \beta_5 \pi_i + u_i \tag{15}$$

dove i simboli rappresentano le stesse variabili presentate nel modello, ovvero τ la dimensione del sistema pensionistico, $(1-\gamma)$ il tasso di urbanizzazione, w il livello di reddito medio, N il tasso di fertilità e π la probabilità di sopravvivenza (ovvero una misura della proporzione di popolazione anziana).

L'idea, in sostanza, è di testare i valori dei coefficienti β_1 e β_2, in modo da poter individuare quale sia lo schema di sviluppo dei sistemi pensionistici prevalente. In base a quanto visto in precedenza, β_2 dovrebbe risultare negativo, mentre la relazione tra β_1 e β_2 permetterà di identificare lo schema prevalente (dato che $(1-\gamma)$ sarà misurato in punti percentuali, se $\beta_1 > -200\beta_2$ la relazione è crescente, se $0 < \beta_1 < -200\beta_2$ la relazione è ad U-rovesciata, mentre se $\beta_1 < 0$ la relazione è decrescente).

1. Metodologia

Inizialmente verrà utilizzato il metodo dei minimi quadrati ordinari (OLS) e, successivamente, verrà considerata la possibile endogenità della fertilità con un test alla Hausman e si procederà quindi a utilizzare stimatori a variabili strumentali (IV).

Inoltre, dapprima verrà effettuata la regressione con dati cross-section e successivamente verranno utilizzati i dati panel con una regressione ad effetti casuali, al fine di confrontare i risultati con quelli ottenuti in precedenza.

1.2 La banca dati

Data l'equazione che si vuole stimare, il dataset deve includere come variabili:

a) la dimensione del sistema pensionistico, misurata dal rapporto tra il totale dei contributi sociali versati e il prodotto interno lordo (SSRT);
b) il tasso di urbanizzazione, inteso come il rapporto tra popolazione urbana e popolazione totale (URB);
c) il reddito pro-capite secondo la PPP (GDPPC);
d) il tasso di fertilità totale, inteso come il numero medio di figli per donna (TFR);
e) la percentuale di popolazione anziana, misurata dal rapporto tra popolazione over-65 e popolazione totale (OPOP).

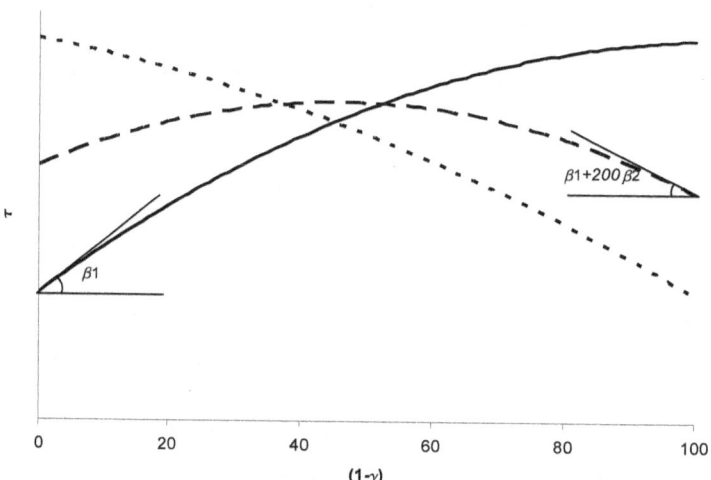

Figura 9: Possibili pattern di sviluppo dei sistemi pensionistici

Verranno inoltre utilizzate altre variabili di controllo, quali l'indice di Gini (GINI), come misura dell'eterogeneità dei redditi, e il prelievo fiscale (TAXAT), misurato dal rapporto tra contributi fiscali e prodotto interno lordo.

Per i test di endogenità alla Hausman e per le regressioni IV si utilizzeranno altre due variabili: il tasso di mortalità nei primi 5 anni di vita (CMR) e il livello di scolarità secondaria femminile, misurato dal rapporto tra il numero di femmine e il numero di maschi nelle iscrizioni alle scuole secondarie (SECOFEMRT). Si ritiene, dunque, che tali variabili siano rilevanti nello spiegare la fertilità (per l'effetto *hoarding* visto nel paragrafo *I.1.2* e per l'ipotesi di Caldwell sull'influenza delle politiche sociali sul costo della fertilità, § *I.1.4*), ma siano esogene rispetto al modello stimato.

Inoltre, al fine di ottenere risultati che abbiano una validità generale, il dataset ideale deve includere il maggior numero di paesi possibile e, soprattutto, con diversi livelli di sviluppo economico e sociale.

Nel presente studio si farà uso dei dati forniti dalla Banca Mondiale[16]. La necessità che il dataset includa i dati sulla dimensione del sistema pensionistico per il maggior numero di paesi possibile, rende attuabile essenzialmente due tipi di analisi: una cross-section con dati del 2002 (l'anno con maggiore disponibilità di osservazioni) o, se mancanti, i più vicini al 2002, e una panel su medie quinquennali dal 1990 al 2005, che comunque avrà il limite di uno scarso numero di osservazioni per paese. Mediante l'analisi cross-section sarà possibile effettuare l'analisi su novanta paesi (tranne quando si inserirà l'indice di Gini nella regressione, riducendo il numero di osservazioni a sessantasei paesi).

---

[16] Banca Mondiale, Indicatori di Sviluppo Mondiale Aprile 2008, ESDS International, (Mimas) Università di Manchester

Variabile	Descrizione	Media	Dev. St.	N	Min	Max
SSRT	Contributi sociali (% del GDP)	5.49	5.31	90	0	17.94
URB	Popolazione urbana (% del totale)	62.51	21.66	90	9.16	100
OPOP	Popolazione da 65 anni in su (% del totale)	9.34	5.19	90	1.08	18.88
GDPPC	GDP pro-capite, PPP (migliaia di dollari internazionali del 2005)	14.03	13.02	90	0.34	65.81
TFR	Tasso di fertilità totale (nascite per donna)	2.37	1.3	90	0.84	6.8
CMR	Tasso di mortalità nei primi 5 anni (per 1000 nati vivi)	37.14	46.38	89	3.22	186.1
SECOFEMRT	Rapporto di femmine rispetto ai maschi nell'iscrizione alla scuola secondaria	99.58	12.68	87	42.59	121.26
GINI	Indice di Gini	39.08	9.43	66	25	60.05
TAXAT	Gettito fiscale (% del GDP)	16.28	6.3	90	0.96	29.53

Tabella 2 Statistiche descrittive delle variabili utilizzate (cross-section del 2002)

2. Risultati

2.1 Analisi cross-section

La tabella 2 mostra i risultati dell'analisi di regressione. Il modello A è quello di base, rappresentato dall'equazione (15), mentre negli altri modelli vengono aggiunte altre variabili di controllo: GINI è l'indice di concentrazione dei redditi di Gini e TAXAT è il rapporto tra prelievo fiscale e GDP, quindi una misura del peso economico e fiscale dello stato. È importante notare che le stime B e D includono un minor numero di paesi, a causa dell'assenza di dati per l'indice di Gini; di conseguenza i risultati non sono perfettamente confrontabili tra loro.

Variabile	A	B	C	D	B2	B2-IV
URB	0.1053**	0.1753***	0.0948**	0.1733***	0.1778***	0.1514**
	(2.385)	(2.867)	(2.103)	(2.881)	(2.935)	(2.499)
URBSQ	-0.0011**	-0.0014**	-0.0011**	-0.0014**	-0.0013**	-0.0011*
	(-2.583)	(-2.504)	(-2.444)	(-2.569)	(-2.490)	(-1.969)
OPOP	0.8485***	0.7632***	0.8837***	0.7480***	0.7946***	0.6926***
	(9.577)	(6.685)	(9.725)	(6.658)	(7.592)	(6.144)
GDPPC	0.0550*	0.0242	0.0598**	0.0126		
	(1.981)	(0.833)	(2.134)	(0.422)		
TFR	0.2674	0.5195*	0.2918	0.4834*	0.5807**	0.1054
	(0.970)	(1.966)	(1.068)	(1.850)	(2.149)	(0.331)
GINI		-0.1222***		-0.1181***	-0.1300***	-0.1331***
		(-3.017)		(-2.909)	(-3.101)	(-3.192)
TAXAT			-0.0593	0.0810		
			(-0.894)	(1.121)		
Costante	-5.4967***	-3.3746	-4.6515**	-4.3179*	-3.5276	-0.8212
	(-3.231)	(-1.475)	(-2.244)	(-1.941)	(-1.556)	(-0.322)
URB^{MAX}	46.707	63.902	45.004	63.200	66.749	70.513
	(5.455)	(7.914)	(6.853)	(7.601)	(8.817)	(12.065)
N	90	66	90	66	66	65
AIC	448.694	309.960	449.427	310.121	308.593	
BIC	463.693	325.288	466.925	327.639	321.731	
R^2	0.732	0.804	0.735	0.809	0.802	0.806

* significativo al 10%; ** significativo al 5%; *** significativo al 1%
Errori standard secondo la correzione di Huber-White
T-student fra parentesi per le stime dei coefficienti
Errori standard fra parentesi per la stima di URB^{MAX}

Tabella 3 Risultati dell'analisi di regressione cross-section

Il primo risultato evidente è l'importante ruolo giocato dalla percentuale di popolazione anziana: questo è un risultato abbastanza prevedibile sia da un punto di vista politico, come visto nella seconda parte, che economico (un più elevato peso della popolazione anziana richiede una maggiore dimensione del sistema pensionistico). I coefficienti stimati implicano che un aumento di 1% della percentuale di popolazione anziana causa un incremento di 0,8% del rapporto tra contributi sociali e GDP.

I coefficienti di URB e URBSQ forniscono un supporto verso il pattern a U-rovesciata: per livelli bassi di urbanizzazione si ha un incremento della dimensione del sistema pensionistico, mentre per i livelli più alti si ha una relazione inversa. URB^{MAX} indica la stima del punto di massimo della relazione tra livello di urbanizzazione e dimensione del sistema pensionistico. È possibile notare una sensibile differenza tra i modelli che includono l'indice di Gini e quelli che non lo includono: questa differenza è in parte addebitabile alla riduzione del numero dei paesi inclusi e quindi ad una diversa distribuzione della variabile URB.

Il livello di reddito pro-capite ha un certo effetto positivo del livello di sviluppo economico sulla dimensione del sistema pensionistico, come sostenuto dalla legge di Wagner (*vedi §I.2.6*). Tuttavia tale effetto è piuttosto ridotto, e non risulta significativo quando viene introdotto l'indice di Gini.

L'indice di Gini risulta significativo ma il segno del coefficiente stimato è negativo, il che sembra contraddire l'ipotesi che in paesi con una maggiore eterogeneità dei redditi ci sia una maggiore dimensione dei sistemi pensionistici dovuta alla domanda di strumenti di redistribuzione dei redditi (*vedi §I.2.4*). La relazione negativa, invece, sembra cogliere l'aspetto dello sviluppo del stato sociale: nei paesi dove c'è un maggiore sviluppo del sistema di welfare l'indice di Gini risulta minore a causa dei sistemi di redistribuzione dei redditi. Inoltre l'inserimento dell'indice di Gini nell'equazione, rende non significativo il reddito pro-capite, assorbendone il ruolo di misura dello sviluppo economico-sociale. Si è quindi stimato anche il modello B2, rimuovendo il reddito pro-capite senza osservare differenze significative per gli altri parametri.

La pressione fiscale non risulta mai significativa nello spiegare la dimensione dei contributi sociali: ciò in parte contraddice la teoria del Leviatano, che sostiene la tendenza dei governi ad espandere il più possibile il loro raggio di azione, in quanto un

2. Risultati

maggiore peso fiscale dello stato non implica una sua tendenza ad invadere anche il campo della sicurezza sociale.

Per il modello B2, è stato inoltre effettuato un test di endogenità alla Hausman sulla fertilità, utilizzando come strumenti il tasso di mortalità entro i primi cinque anni di vita e la rapporto tra numero di donne e numero di uomini iscritti alle scuole secondarie[17]: l'ipotesi nulla di esogenità della fertilità viene rifiutata.

Di conseguenza si è proceduto ad effettuare una regressione a variabili strumentali per il modello B2, i cui risultati sono presentati nell'ultima colonna della tabella 2. Nel primo stadio i due strumenti sono risultati altamente significativi e la statistica F su tutte le esogene è risultata pari a 64,82. Sono stati anche effettuati sia un J-test sia un test di Sargan per verificare l'esogenità degli strumenti, e i dati risultano coerenti con l'ipotesi nulla (rispettivamente con p-value di 0.513 e 0.582). Per quanto riguarda la stima dei coefficienti rilevanti (quelli di URB e URBSQ), i risultati sono abbastanza simili a quelli della stima OLS, e URB^{MAX} subisce un ulteriore aumento, anche se non significativo.

In conclusione è possibile dire che lo schema che risulta supportato da tutte le regressioni è quello ad U-rovesciata. Tuttavia i modelli forniscono stime sensibilmente diverse circa il massimo di tale curva, in particolare quando viene inserito l'indice di Gini tra i regressori. Ciò, come detto sopra, è in parte dovuto alla riduzione del numero delle osservazioni, e dunque ad una diversa distribuzione delle variabili in oggetto che rende non perfettamente confrontabili le due stime. Le stime che in conclusione risultano preferibili sono la stima A, per via del maggior numero di osservazioni, e la stima B2 col metodo IV, in quanto più precisa. Entrambi i modelli concordano sul fatto che oltre una certa soglia di urbanizzazione, individuabile tra il 50 e il 70%, i sistemi pensionistici tendono a ridursi in dimensione.

---

[17] La rilevanza della mortalità infantile nello spiegare la fertilità è già stata vista al §I.1.2 (effetto hoarding), mentre per quanto riguarda l'istruzione secondaria delle donne si veda il §I.1.4 a proposito dell'ipotesi di Caldwell e l'influenza delle politiche sociali sulla fertilità.

2. Risultati

2.2 Analisi panel

La tabella 3 presenta i risultati dell'analisi panel: i modelli stimati sono analoghi a quelli della tabella 2, e la stima è stata effettuata ad effetti casuali.

Anche in questo caso lo schema che emerge da tutte le stime è quello a U-rovesciata. Il massimo della curva varia anche in questo caso a seconda che venga incluso o meno l'indice di Gini (anche a causa della riduzione nel numero di paesi da 99 a 75).

Sia il reddito pro-capite sia la pressione fiscale non risultano mai significative, mentre l'indice di Gini è altamente significativo e, anche in questo caso, risulta avere un'influenza negativa sulla dimensione dei sistemi pensionistici.

Variabile	A	B	C	B2	AIV	A2IV
URB	0.1623***	0.1428***	0.1585***	0.1407***	0.1494**	0.1434**
	(3.423)	(3.036)	(3.397)	(2.933)	(2.316)	(2.247)
URBSQ	-0.0015***	-0.0011**	-0.0014***	-0.0010**	-0.0013**	-0.0012**
	(-3.227)	(-2.396)	(-3.189)	(-2.139)	(-2.351)	(-2.316)
OPOP	0.4864***	0.4310***	0.4796***	0.4995***	0.5768***	0.6046***
	(5.214)	(3.298)	(4.962)	(4.512)	(6.258)	(7.474)
GDPPC	0.0263	0.0566	0.0236		0.0244	
	(0.905)	(1.107)	(0.881)		(0.773)	
TFR	-0.2317*	-0.1158	-0.2435*	-0.0598	-0.0772	-0.1208
	(-1.797)	(-0.758)	(-1.890)	(-0.363)	(-0.205)	(-0.320)
GINI		-0.1110***		-0.1184***		
		(-3.439)		(-3.292)		
TAXAT			0.0380			
			(1.051)			
_CONS	-2.4842**	1.8052	-2.9188**	1.7376	-3.6474	-3.4024
	(-2.124)	(0.936)	(-2.449)	(0.875)	(1.299)	(-1.208)
URB^{MAX}	55.275	64.220	55.411	69.261	57.830	58.741
	(4.714)	(9.358)	(4.847)	(12.731)	(7.827)	(7.391)
N	226	130	226	131	182	186
N_g	99	75	99	76	95	98
g	2.283	1.733	2.283	1.724	1.916	1.898
R^2	0.706	0.707	0.700	0.701	0.723	0.720

* significativo al 10%; ** significativo al 5%; *** significativo al 1%
Errori standard corretti per i cluster
T-student fra parentesi per le stime dei coefficienti
Errori standard fra parentesi per la stima di URB^{MAX}

Tabella 4 Risultati dell'analisi di regressione panel

2. Risultati

La fertilità risulta significativa solo per i modelli che non includono l'indice di Gini. In questo caso il test di Hausman rifiuta l'ipotesi di esogenità della fertilità, e dunque sono state effettuate delle regressioni IV, presentate nelle due ultime colonne. La principale differenza di queste ultime regressioni rispetto a quelle OLS sta nell'incremento dei coefficienti della

percentuale di popolazione anziana, mentre il massimo della curva che lega le pensioni alla percentuale di popolazione urbana rimane sostanzialmente invariato, intorno al 58%.

Conclusione

La seconda parte di questo volume ha mostrato un modello di voto sul sistema pensionistico con fertilità endogena. Il modello ha mostrato che il progressivo sviluppo socio-economico non necessariamente comporta l'introduzione dei sistemi pensionistici, come si è storicamente osservato. Infatti, la progressiva riduzione del tasso di fertilità determinato dalla destrutturazione familiare comporta anche una minore convenienza economica dei sistemi a ripartizione e, di conseguenza, anche un minore supporto politico verso tali sistemi.

Tuttavia il modello lascia aperta la possibilità a tre possibili schemi di sviluppo dei sistemi pensionistici in rapporto all'evoluzione dei sistemi familiari: una continua crescita della spesa, una continua riduzione della stessa o una relazione non monotona con un'iniziale crescita (introduzione) del sistema ed una successiva sua riduzione (scomparsa).

In quest'ultima parte sono stati presentati i risultati di alcune stime del modello, sia con dati cross-section che con dati panel. Tali stime forniscono un supporto empirico verso lo schema non monotono, confermando dunque la possibilità che la destrutturazione degli schemi familiari può comportare una riduzione della dimensione dei sistemi pensionistici. Il livello di urbanizzazione oltre il quale sembra iniziare l'effetto negativo si aggira intorno al 60%.

Le stime cross-section sono state effettuate su un campione molto ampio di paesi (fino a 90), quindi dovrebbero presentare un buon grado di robustezza. Le stime panel, che confermano i risultati delle cross-section, tuttavia hanno un numero piuttosto ridotto di osservazioni per paese: una maggiore disponibilità di dati, soprattutto riguardo ai contributi sociali, avrebbe permesso di effettuare una verifica certamente più robusta rispetto alla dimensione temporale.

Conclusioni

La teoria economica presentata brevemente nella prima parte, e in particolare l'ipotesi di Caldwell, spiega la riduzione della fertilità con l'evoluzione delle strutture sociali e la transizione dall'economia rurale, in cui i figli erano portatori di ricchezza, al modello di economia occidentale ed urbanizzato, in cui i figli sottraggono risorse all'economia familiare.

Il minore trasferimento intergenerazionale ascendente determina, inoltre, la necessità di un sistema sociale in grado di garantire il mantenimento dei consumi in età avanzata, causando l'introduzione dei sistemi pensionistici e la loro espansione.

Il modello teorico presentato nella seconda parte studia l'effetto netto dell'indebolimento dei legami familiari sulla dimensione dei sistemi pensionistici, tenendo in considerazione la riduzione della fertilità e, quindi, la riduzione della redditività dei sistemi a ripartizione.

I pattern di sviluppo in risposta all'evoluzione dei rapporti interfamiliari, ottenuti dalla simulazione numerica del modello, risultano tre:

    a) un continuo aumento della spesa pensionistica;
    b) una contrazione della spesa pensionistica;
    c) un pattern ad U-rovesciata, con un'iniziale accrescimento della spesa ed una successiva riduzione della stessa.

La terza parte del volume ha presentato un'analisi empirica del modello, utilizzando dati riguardanti paesi con diverso grado di sviluppo. Lo schema che risulta supportato dai dati è quello non monotonico: sembra dunque che il continuo indebolimento dei legami familiari (e in particolare delle loro implicazioni economiche) tenda a ridurre, *ceteris paribus*, il supporto politico verso i sistemi pensionistici.

La riduzione del supporto politico per i sistemi pensionistici, come conseguenza della riduzione della fertilità, viene in parte bilanciata dal progressivo invecchiamento della popolazione che, se da un lato riduce la redditività dei sistemi pensionistici, dall'altro aumenta il peso della popolazione anziana e, di conseguenza, il loro peso politico: l'effetto complessivo dell'invecchiamento della popolazione è positivo secondo le stime effettuate nella terza parte (e trova riscontro nella letteratura empirica specifica dell'argomento).

Tuttavia se la fertilità dovesse continuare a ridursi in maniera drastica, come negli ultimi anni, i sistemi pensionistici a ripartizione potrebbero non avere la convenienza economica sufficiente ad essere supportati dalla maggioranza della popolazione, ed essere quindi destinati a scomparire o ad essere sostituiti dai sistemi a capitalizzazione.

Bibliografia

Aaron, H. (1966), 'The Social Insurance Paradox', *The Canadian Journal of Economics and Political Science* **32**(3), 371--374.

Abel, A. B.; Mankiw, N. G.; Summers, L. H. & Zeckhauser, R. J. (1989), 'Assessing Dynamic Efficiency: Theory and Evidence', *The Review of Economic Studies* **56**(1), 1--19.

Bandourian R., J. B. McDonald, and R. S. Turley (2002): "A Comparison of Parametric Models of Income Distribution Across Countries and Over Time," MIMEO Department of Economics, Brigham Young University.

Barro, R. J. (1974), 'Are Government Bonds Net Wealth?', *Journal of Political Economy* **82**(6), 1095-1117.

Barro, R. J. & Becker, G. S. (1989), 'Fertility Choice In A Model Of Economic-Growth', *Econometrica* **57**(2), 481--501.

Becker, G. S. (1981), *A Treatise on the Family*, Harvard University Press.

Becker, G. S. (1974), 'A Theory of Social Interactions', *Journal of Political Economy* **82**(6), 1063-93.

Becker, G. S. (1960), An Economic Analysis of Fertility, *in* G. S. Becker, ed.,'Demographic and Economic Change in Developed Countries', Princeton University Press, Princeton, N. J..

Becker, G. S. & Barro, R. J. (1988), 'A Reformulation Of The Economic-Theory Of Fertility', *Quarterly Journal Of Economics* **103**(1), 1--25.

Becker, G. S. & Lewis, H. G. (1973), 'On the Interaction between the Quantity and Quality of Children', *Journal of Political Economy* **81**(2), S279-88.

Becker, G. S. & Tomes, N. (1986), 'Human Capital and the Rise and Fall of Families', *Journal of Labor Economics* **4**(3), S1-39.

Becker, G. S. & Tomes, N. (1976), 'Child Endowments and the Quantity and Quality of Children', *Journal of Political Economy* **84**(4), S143-62.

Boadway, R. W. & Wildasin, D. E. (1989), 'A Median Voter Model Of Social-Security', *International Economic Review* **30**(2), 307--328.

Boldrin, M.; De Nardi, M. & Jones, L. E. (2005), 'Fertility and Social Security'(11146), Working paper, National Bureau of Economic Research.

Boldrin, M. & Jones, L. E. (2002), 'Mortality, Fertility, and Saving in a Malthusian Economy', *Review of Economic Dynamics* **5**(4), 775-814.

Boldrin, M. & Rustichini, A. (2000), 'Political Equilibria with Social Security', *Review of Economic Dynamics* **3**(1), 41-78.

Breyer, F. (1994), 'The political economy of intergenerational redistribution', *European Journal of Political Economy* **10**(1), 61-84.

Browning, E. K. (1975), 'Why Social Insurance Budget Is Too Large In A Democracy', *Economic Inquiry* **13**(3), 373--388.

Caldwell, J. C. (1978), 'A Theory of Fertility: From High Plateau to Destabilization', *Population and Development Review* **4**(4), 553--577.

Caldwell, J. C. (1976), 'Toward A Restatement of Demographic Transition Theory', *Population and Development Review* **2**(3/4), 321--366.

Casamatta, G.; Cremer, H. & Pestieau, P. (2000), 'The political economy of social security', *Scandinavian Journal Of Economics* **102**(3), 503--522.

Caucutt, E. M.; Cooley, T. F. & Guner, N. (2007), 'The Farm, the City, and the Emergence of Social Security'(12854), Working paper, National Bureau of Economic Research.

Cigno, A.; Casolaro, L. & Rosati, F. C. (2003), 'The Impact of Social Security on Saving and Fertility in Germany', *FinanzArchiv: Public Finance Analysis* **59**(2), 189-211.

Cigno, A. & Rosati, F. C. (1992), 'The Effects of Financial Markets and Social Security on Saving and Fertility Behaviour in Italy', *Journal of Population Economics* **5**(4), 319-41.

Cigno, A. & Rosati, F. C. (1996), 'Jointly determined saving and fertility behaviour: Theory, and estimates for Germany, Italy, UK and USA', *European Economic Review* **40**(8), 1561-1589.

Cigno, A. & Werding, M. (2007), *Children and Pensions, CESifo Book Series*, MIT Press, Cambridge (MA).

Conde-Ruiz, J. I. & Galasso, V. (2005), 'Positive arithmetic of the welfare state', *Journal of Public Economics* **89**(5-6), 933--955.

Conesa, J. C. & Krueger, D. (1999), 'Social Security Reform with Heterogeneous Agents', *Review of Economic Dynamics* **2**(4), 757-795.

Cooley, T. F. & Soares, J. (1999), 'A positive theory of social security based on reputation', *Journal Of Political Economy* **107**(1), 135--160.

Cukierman, A. & Meltzer, A. H. (1989), 'A Political Theory of Government Debt and Deficits in a Neo-Ricardian Framework', *The American Economic Review* **79**(4), 713--732.

Cutler, D. M. & Johnson, R. (2004), 'The birth and growth of the social insurance state: Explaining old age and medical insurance across countries', *Public Choice* **120**(1-2), 87--121.

Diamond, P. A. (1965), 'National Debt in a Neoclassical Growth Model', *The American Economic Review* **55**(5), 1126--1150.

Doepke, M. (2005), 'Child mortality and fertility decline: Does the Barro-Becker model fit the facts?', *Journal Of Population Economics* **18**(2), 337--366.

Ehrlich, I. & Kim, J. (2005), 'Social Security, Demographic Trends, and Economic Growth: Theory and Evidence from the International Experience'(11121), Working paper, National Bureau of Economic Research.

Ehrlich, I. & Lui, F. T. (1991), 'Intergenerational Trade, Longevity, and Economic Growth', *Journal of Political Economy* **99**(5), 1029-59.

Ehrlich, I. & Lui, F. T. (1998), 'Social Security, the Family, and Economic Growth', *Economic Inquiry* **36**(3), 390-409.

Feldstein, M. (1974), 'Social Security, Induced Retirement, And Aggregate Capital Accumulation', *Journal Of Political Economy* **82**(5), 905--926.

Friedlander, S. & Silver, M. (1967), 'A Quantitative Study of the Determinants of Fertility Behavior', *Demography* **4**(1), 30--70.

Galasso, V. (2006), *The Political Future of Social Security in Aging Society*, MIT Press, Cambridge (MA)

Galasso, V. & Profeta, P. (2002), 'The political economy of social security: a survey', *European Journal of Political Economy* **18**(1), 1-29.

Galor, O. (2005), From Stagnation to Growth: Unified Growth Theory, *in* Philippe Aghion & Steven Durlauf, ed.,'Handbook of Economic Growth', pp. 171-293.

Galor, O. & Weil, D. N. (2000), 'Population, Technology, and Growth: From Malthusian Stagnation to the Demographic Transition and Beyond', *American Economic Review* **90**(4), 806-828.

Hansen, G. D. & Prescott, E. C. (2002), 'Malthus to Solow', *American Economic Review* **92**(4), 1205-1217.

Hansson I., and C. Stuart (1989): "Social Security as Trade among Living Generations," *The American Economic Review* vol. 79, n. 5, pp. 1182-95

Hohm, C. F. (1975), 'Social Security and Fertility: An International Perspective', *Demography* **12**(4), 629--644.

Hu, S. C. (1982), 'Social-Security, Majority-Voting Equilibrium And Dynamic Efficiency', *International Economic Review* **23**(2), 269--287.

Kalemli-Ozcan, S. (2002), 'Does the Mortality Decline Promote Economic Growth?', *Journal of Economic Growth* **7**(4), 411--439.

Kirk, D. (1996), 'Demographic Transition Theory', *Population Studies* **50**(3), 361--387.

Leibenstein, H. (1957), *Economic backwardness and economic growth*, Wiley, New York (NY).

Malthus, T. R. (1798), *An Essay on the Principle of Population*, J. Johnson, London.

McDonald J. B. (1984): "Some Generalized Functions for the Size Distribution of Income," *Econometrica* vol. 52, n. 3, pp. 647-65.

Neher, P. A. (1971), 'Peasants, Procreation, And Pensions', *American Economic Review* **61**(3), 380--389.

Nerlove, M.; Razin, A. & Sadka, E. (1986), 'Some Welfare Theoretic Implications of Endogenous Fertility', *International Economic Review* **27**(1), 3-31.

Nishimura, K. & Zhang, J. S. (1992), 'Pay-As-You-Go Public Pensions With Endogenous Fertility', *Journal Of Public Economics* **48**(2), 239--258.

Notestein, F. W. (1945), Population — The Long View, *in* Theodore W. Schultz, ed.,'Food for the World', University of Chicago Press, Chicago, pp. 36-57.

Notestein, F. W. (1953), Economic problems of population change, *in* '8th International Conference of Agricultural Economists', Oxford University Press, London, pp. 36-57.

Nugent, J. B. (1985), 'The Old-Age Security Motive For Fertility', *Population And Development Review* **11**(1), 75--97.

Persson, T. & Tabellini, G. (2002), *Political Economics: Explaining Economic Policy*, MIT Press.

Samuelson, P. A. (1958), 'An Exact Consumption-Loan Model of Interest with or without the Social Contrivance of Money', *The Journal of Political Economy* **66**(6), 467--482.

Schultz, T. W., ed. (1974), *Economics of the Family: Marriage, Children, and Human Capital*, University of Chicago Press, Chicago.

Sjoblom, K. (1985), 'Voting For Social-Security', *Public Choice* **45**(3), 225--240.

Tabellini, G. (1991), 'The Politics of Intergenerational Redistribution', *Journal of Political Economy* **99**(2), 335-57.

Tabellini, G. (2000), 'A positive theory of social security', *Scandinavian Journal Of Economics* **102**(3), 523--545.

Thompson, W. S. (1929), 'Population', *The American Journal of Sociology* **34**(6), 959--975.

Bibliografia

Veall, M. R. (1986), 'Public Pensions As Optimal Social Contracts', *Journal Of Public Economics* **31**(2), 237--251.

Verbon, H. A. A. (1987), 'The Rise And Evolution Of Public Pension Systems', *Public Choice* **52**(1), 75--100.

de Walque, G. (2005), 'Voting on pensions: A survey', *Journal Of Economic Surveys* **19**(2), 181--209.

Wigger, B. U. (1999), 'Pay-as-you-go financed public pensions in a model of endogenous growth and fertility', *Journal of Population Economics* **12**(4), 625--640.

Wildasin, D. E. (1990), 'Non-neutrality of Debt with Endogenous Fertility', *Oxford Economic Papers* **42**(2), 414-28.

www.ingramcontent.com/pod-product-compliance
Lightning Source LLC
Chambersburg PA
CBHW021015180526
45163CB00005B/1970